あたらしい離島旅行

セソコマサユキ
Masayuki Sesoko
WAVE出版

自分らしい仕事と暮らしのバランスを見つけたい、
そんな思いで沖縄本島を旅したのが２０１３年のこと。
それを「あたらしい沖縄旅行」という一冊にまとめました。

この本は、その第二弾です。
今回向かったのは、八重山、宮古、瀬戸内、
奄美、五島の中の13の離島。

ちいさな島に暮らし、豊かな自然に囲まれて
慎ましくても伸びやかに暮らす人々を訪ねました。

なぜ離島を旅したかといえば、
乗り物を乗り継いで行く道程、豊かな自然、
文化の違いや、素朴で気さくな人々との交わり、
そんな、旅の魅力が凝縮されていると感じたから。

そして、そこには
これからの時代の「豊かな暮らし」のヒントが
あるような気がしたから。

ちいさな島で、地に足をつけて暮らす人々は、
どこまでも伸びやかで、その手から魅力的なものを生みだし、
生き生きと暮らしていました。

彼らがどんな風にその暮らしを実現しているのか知りたくて、
その仕事と暮らしの場を訪ねました。

この本はカフェ、パン屋、工房、宿などを紹介するガイドブックです。
それと同時に、ここにあるのは
ちいさな島で暮らす、32組の人々の物語です。

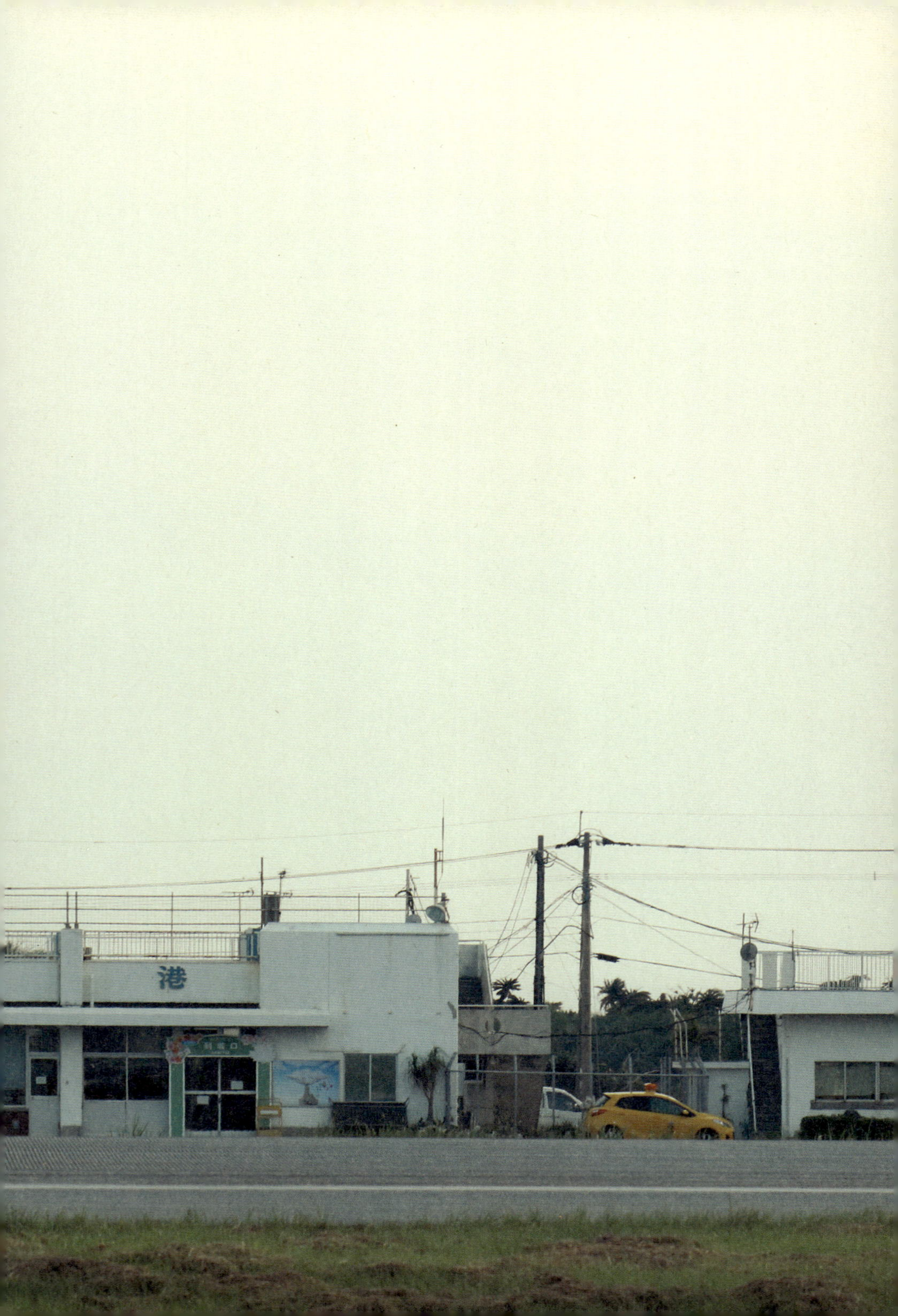
港

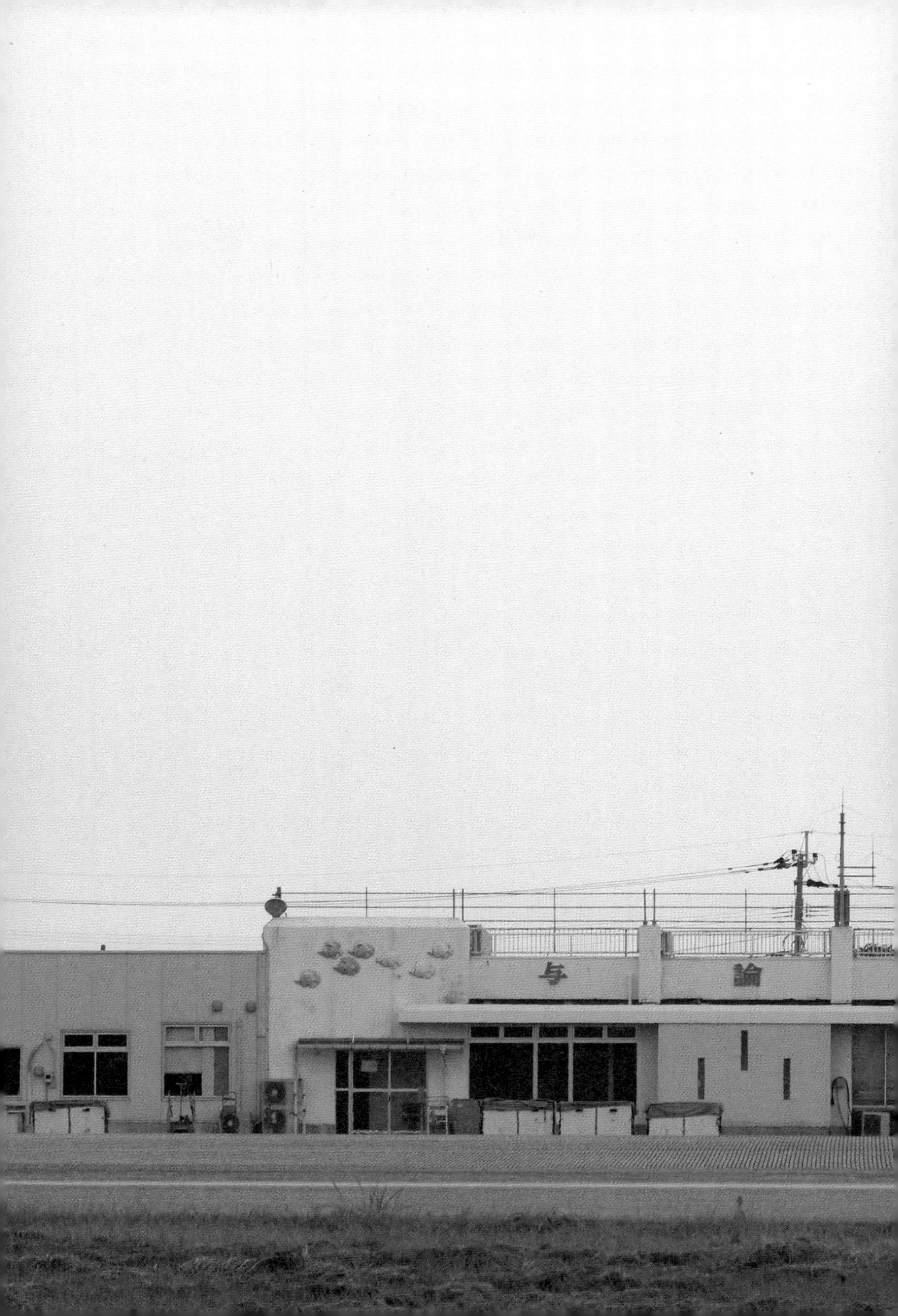
与 論

Contents

Use Guide 【ご利用ガイド】

★こんなお店を紹介しています
・作り出しているものに思いがこもっていること。
・ジャンルにとらわれず、
離島でしっかりと地に足をつけているひとたち。
・仕事と暮らしを両立していると感じたお店。
・あたらしいお店を中心に。

★エリアごとに紹介しています
・離島の旅は、エリアごとに計画を立てるとスムーズです。
・定番の観光スポットと組み合わせて、楽しんでください。

★行きたいお店が決まったら
・行く前に定休日のご確認を！
心配な方は電話で確認をとると安心です。
・巻末にエリアごとの地図があります。
お店の場所＋周辺のおすすめスポットも紹介しています。
・カーナビや詳細地図とあわせてお使いください。

宮古諸島

宮古ブルーに心を震わす、
うつくしい海に包まれた島。

CULTURE

全身に泥を塗った神様がやって来て悪霊払いをする伝統行事「パーントゥ」など、昔ながらの独特の文化がいまでも残っている。

FOOD

マンゴーをはじめ、ドラゴンフルーツなど南国特有のトロピカルフルーツが豊富。夏頃にかけての収穫時期にはそんなフルーツを使ったスイーツも楽しめる。

HISTORY

実は聖地や遺跡も豊富。いまでも島の人に大切にされている漲水御嶽（うたき）や、大和ガー（井戸）、海外の遺跡を思わせるような仲宗根豊見親の墓など、神秘的な場所が多い。

LANDSCAPE

2015年1月に無料で渡れる橋としては日本一の長さを誇る伊良部大橋が開通。池間島、来間島へも橋で渡ることができ、「離島の離島」を気軽に楽しむことができる。

CULTURE

島のいたるところで、交通を見守っているのが「宮古まもる君」。実は19人兄弟で、女の子の「まる子ちゃん」も。旅はレンタカーが多いので、安全運転を心がけましょう。

LANDSCAPE

赤土が流れ込まないため、沖縄の中でもとくに海がうつくしいと言われる宮古島。それだけに、与那覇前浜ビーチや池間大橋、渡口の浜など見所がたくさん。

島への行き方

［飛行機］

県外からの人は那覇空港での乗り継ぎが一般的。数はすくないのですが、羽田からの直行便と、石垣島からも便が出ています。

［フェリー］

現在は、宮古島へのフェリーでのアクセス方法はありません。

沖縄本島や八重山諸島から宮古島を訪れた人でも、その水の透明度に驚くことがあるというくらい、うつくしい海が特徴です。那覇空港からは飛行機で1時間弱。数はすくないけれど羽田空港からの直行便もあります。

広大なサンゴ礁群の「八重干瀬」や各地のビーチなどではシュノーケリングをはじめとしたマリンアクティビティも充実しているので、海のうつくしさを満喫したいところ。中でもとくに与那覇前浜ビーチは「東洋一」とも言われるほどのうつくしさで、白い砂浜と「宮古ブルー」のコントラストは一見の価値あり。実は名もない隠れたビーチも島のいたるところにあって、島民の中には自分のお気に入りビーチがある人も。宮古島は車でぐるーっと一周しても4時間ぐらい。砂山ビーチや吉野海岸といったビーチから、

MIYAKO ISLANDS

東平安名崎や池間大橋、来間大橋など、絶景ポイントも多いのでぜひドライブしてほしいです。サンゴが隆起してできた島で、山らしい山、川らしい川がないために赤土が海に流れ込まないのが、海のうつくしさの理由だとか。

また宮古島にはたくさんの御嶽（お祈りする場）があります。市街地のそばにある漲水御嶽（はりみずうたき）はいまでも地元の人たちが大切にしている場所。宮古島に来たらまずは旅の安全を願ってご挨拶をするとよいかもしれません。大和井（やまとがー）という、その昔生活用水として使われていた井戸も、とても神秘的な雰囲気を漂わせています。

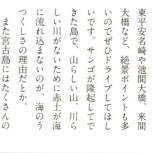

観光地化の進んだ石垣島に比べると、まだまだ素朴な雰囲気の残る宮古島。中心となる平良（ひらら）市街のほかは、平坦な土地にサトウキビ畑が広がる長閑な風景を見ることができます。いま一番の話題は伊良部大橋が開通したこと。無料で渡れる日本で一番長い橋で、その長さは3540メートルも。渡口の浜や下地島（しもじしま）の空港周辺の海など、宮古諸島の中でも屈指のうつくしさを誇る絶景ビーチが待っているので、ぜひ渡ってみてください。

もうひとつオススメしたいのが来間島。こちらも橋で渡ることのできる離島で、サトウキビ畑と集落がひとつあるだけ、人口も200人弱のちいさな島です。橋を渡ってすぐのエリアに雑貨店やカフェなど個性的なお店が並んでいるし、集落は昔のままの風情が残っているので散歩してみても楽しい。島の北西に位置する長間浜は絶好の夕日ポイントですよ。

素朴な島の、こだわりのお店

それと、宿泊するなら平良市街がおすすめ。なぜかというと、市街にはおいしいお店がたくさんあるから。宮古島にはこだわりの強い良いお店が多いのです。海で遊んで、たっぷり観光した後は、おいしいごはんを食べて、気がねなくお酒を飲んで、のんびり歩いてホテルに帰るのが、宮古島の楽しみ方です。

01

New Ritou Trip

宮古｜宮古島｜ベーカリー

モジャのパン屋

Moja no Panya

誰からも愛される、かわいらしい丸パン

うつくしい海も魅力的だけど、ぼくにはそれと別に宮古島で大好きな景色があって、それは「モジャのパン屋」の前で見ることができる。すこし前までパン屋の隣には大きな体をした革職人の工房兼ショップがあって、彼はお昼時になるとのっそりとお店を出てきて、パンとコーヒーを買う。その昔フランスの公園に置かれていたという淡いグリーンのかわいらしい椅子に腰かけて、パンを頬張る。お店の窓から顔を出したモジャさんと、のんびりと会話を楽しみながら。そこは市役所もすぐそばの、いわば宮古島の中心地にあるので、しばらく滞在しているとその景色に何度か出合うことになる。それはなんとも言えず微笑ましくて、宮古島を旅したときに感じることができる、人のあたたかさや、心地よい親近感みたいなものを象徴しているような気がするのだ。

室上智宏さんは人生の大きな転機を迎えたときに宮古島にやって来た。それは実は室上さんにとってはとても辛い時期だったのだけれど、この島に来て、いろいろな人との出会いに救われた。そのひとりが体の大きな革職人で、その人は池間さんと言った。いまは山口県に工房を構えているのだけど、兵庫県でカフェを営んでいた経験を持つ室上さんのパンを、工房の片隅で販売させてくれたりしたのだ。いまのお店も、実はその工房の中に小屋を建ててスペースをつくったもの。いまは奥さんが切り盛りしている、お父さんが遺した宿「テマカヒルズ」に来た最初のお客さんの子どもがパン好きと聞き、パンを焼いてあげたところ、すごく喜んでくれた。この島でパンを焼こうと思ったのは、そのときの純粋な「うれしさ」から。

お店に並ぶのはまるっとかわいらしいあんぱん、ちょこぱん、ごまぱんなど6種類ほど。気まぐれ

もじゃのパンはどれも、ぷっくりとかわいらしい

狭いスペースの中でひとり、パンをつくる室上さん。気まぐれで登場するベーグルも絶品

でベーグルが並ぶ。材料を聞けばそれはすごくシンプルなんだけど、でもしっかりとこだわって選んでいるのが伝わってくる。家族と朝ごはんを食べる時間を大切にしたいから、オープンは11時から。人が3人も入ったらぎゅうぎゅうになってしまいそうなちいさな厨房で、パンをつくる。小麦粉とバターの風味、モチモチとした食べ心地。どこか懐かしいけれど、いままでに経験したことがないようなやさしいパン。観光客も、地元の人も、次から次へとパンを買っていく。

宿のそばには空き地があって、そこにパン小屋を造りたい。「パンを焼けるっていうと、子どもに尊敬されるでしょ（笑）」。いまは2歳の萌智子ちゃんがいつか小学生になり、学校から駆け足で帰ってきて、その背中に「パン焼けてるよー」と声をかける。そんな風景を夢見ながら。

「宮古島に来て救われたんです。ここでは飾らなくていいんです。

それは、島の愛すべき風景のように

アンティーク好きなので、かわいらしい雑貨が飾られて

珈琲豆の販売やテイクアウトもできる

だからしんどくない」。そんなモジャさんがつくるパンは、やっぱりやさしい味がするから、彼が生み出す風景もやさしいんだと思う。いまは池間さんはいなくって、その景色がすこし変わったけど、やっぱりモジャのパン屋のある景色がぼくは好きだ。それはこの島への感謝とともに、この島の、愛すべき日常の景色になっている。

住　所　沖縄県宮古島市平良字東仲宗根20
時　間　11:00 〜 17:00（売り切れ次第終了）
電　話　090-3977-6778
定休日　日、月曜日
駐車場　なし
行き方　市役所交差点を池間島方面へ、なかそねスーパー近く

02 New Ritou Trip
宮古 ｜ 伊良部島 ｜ カフェ、宿

soraniwa hotel & cafe

ソラニワホテル＆カフェ

空がお庭の、絶景ホテル＆カフェ

２０１５年の１月に橋が架かるまで、伊良部島（いらぶじま）へ渡るには宮古島からのフェリーしか手段がなかった。離島の、そのまた離島。だけど足を運んでみれば、見渡すかぎりが「絶景」と言えそうなほど、うつくしい景色にあふれていた。人口は６０００人に満たないようなちいさな島を、海を眺めながら車を走らせると、ポツンと白い建物が見える。

外山篤さんがこの場所にホテルとカフェを開いたのは6年ほど前のことだ。東京都渋谷でカフェを5年ほど営業していた外山さんは、結婚を機に改めてライフスタイルを見つめ直そうと、移住を決意したという。それから沖縄の有人島は2年かけてすべて巡った。初めて伊良部島を訪れたときは、土砂降りの日だったのだけど、なにかが気になって再び訪れた。そのとき、この島の空のうつくしさに驚いたのだという。「不便だからこそ育まれる文化があると思うし、そのほうが『島らしさ』がある気がするんです。人の数もちょうどいいと思いました」

もともと旅好きな外山さんは、二十歳ぐらいの頃から世界中を旅していて、その数はすでに50カ国を超えるそう。旅のときにどのホテルに泊まるか、ということが旅を左右するような重要な選択と感じていて、だからこそ、旅人たちへすばらしいホテルを提供したいという思いがあった。一方で、ホテルで食事を出すのであれば、その場所は宿泊客以外にも開放したいと考えていた。そのことによって、島の人々ともコミュニケーションがとれるからだ。だから soraniwa のカフェは古材を活用し、大きな本棚には味わい深い本が並び、洗

夫婦ふたり、そして数人のスタッフとともにカフェとホテルを切り盛り

個性的な文化の残る島で

練された清潔感を持ちながら、どこか親しみやすい空気を漂わせている。メニューには旬の島の食材を活用する。宮古島はルッコラ、トレビス、ズッキーニなど種類豊富に野菜が育てられているし、有機農家も多い。伊良部は漁が盛んだ。おいしい食材には事欠かない。

2014年の6月には海に面したプライベートプールを備えつけたホテル「Side B」を増設した。観光客に愛され、地元客が立ち寄り、シーズン中ともなれば、多忙な時間を過ごすことになる。一方で、1月から2月にかけてのシーズンオフには休みをとって、海外旅行へと出かける。息抜きの意味合いもあるけれど、外に出ることでまたこの島のことを新鮮な目で見られるからだ。

「伊良部島はコミュニティがちいさくて、個性的な文化も残っています。最初は言葉もわからないことが多くて戸惑ったけど、ようやく、ここでの暮らしの感覚がつかめてきました」と東京出身の外山

soraniwa hotel & cafe

宮古牛を使った特製ハンバーグが人気メニュー

さんが言えば、東京で出会い、ともに移住してきた北海道出身の奥さんの香織さんは「寒いのが嫌いだったし、気温が違うだけで出身地も同じような田舎だったので、ここは居心地がいいんです」と、ふたりで笑顔を見せてくれた。

橋が架かることで、このちいさな島のコミュニティや文化は、すこし変化の時を迎えるかもしれない。でも、まばゆく光る空と海が、まるでその庭のように、自分のすぐそばからはるか遠くまで続いていくこの景色は、きっといつまでも変わらないはずだ。

住　所　沖縄県宮古島市伊良部字伊良部 721-1
時　間　11:30 ～ 18:00 (cafe)
電　話　0980-74-5528　　駐車場　有り
定休日　水曜・木 (夏期・繁忙期は水曜のみ)
宿　泊　1室2名 (朝食付き) 10,000円～
行き方　伊良部大橋を渡って突き当たりを左へ

下はビーチから運んだ砂なので素足でくつろげる

まるでジャングルのようなカフェ。中に心地よい空間が

もとは、ただのバナナ畑だった

03 New Ritou Trip
宮古 | 来間島 | カフェ

Pani Pani

パニパニ

裸足でくつろぐ、空の下のカフェ

宮古島の南西にぽつりと浮かぶ来間島（くりまじま）。人口200人足らずのちいさな島には、ささやかな集落とサトウキビ畑、ヤギが遊び、うつくしいビーチがある。過疎化が進むが、ここにはいくつかお店があって、南国らしい雰囲気を味わいたいなら、おすすめしたいのがPani Paniだ。モンパの木が茂る木漏れ日の中の席で飲むのはドラゴンフルーツとバナナのスムージー。サンダルは脱いでしまおう。さらさらとしたビーチのような砂が、素足に気持ちいい。青い空と、緑との間を彩る真っ赤なハイビスカスが、気分をいっそう盛り上げてくれる。

埼玉県出身の関口正明さんが宮古島に移住してきたのは、40代も後半になってのことだ。神戸に暮らしていたが震災を経験し、その後横浜に3年ほど住んだのち、「漠然とした憧れがあった」という南の島への移住を考えた。石垣島も訪ねたが、どうも自分のイメージに合わない。東京・池袋で開催されていた「離島フェア」というイベントに出向き、そこで見つけた宮古島のパンフレットのうつくしい風景に惹かれて、宮古島を訪ねてみることに。そのとき初めて見た与那覇前浜ビーチに「日本にもこんなにきれいなビーチがあるのか」と驚いたそう。そのときにはもう、この島で暮らしたい、と心が決まっていた。

それが18年ほど前のこと。当時はまだインターネットも普及していなくて、情報もわずか。とにかく行ってみないとわからないと、わずかばかりの貯金を持って宮古島へ。島の人々にはやさしく迎え入れてもらえ、農業のアルバイトを見つけることができて島での暮らしがスタート。そうして5年ほどが過ぎたとき、不動産屋に海の近くの土地を紹介してもらった。そこはごくごく普通のバナナ畑だったけれど、「ここに椅子でも置いたら、かわいらしいカフェになるな」そう思ったという。ともかくこの場所さえ持っていれば、いつかはなにかができるだろう、そんな気持ちで土地を購入。それからは、知り合いの大工さんに協力してもらいながら、住居と、カフェスペースを造った。「土地を買って貯金はほとんどなくなってしまったから、自分たちで造るしか選択肢がなかったんです」。畑仕事の合間、台風が来れば、その対策と後片付けで1週間は作業が止まる。慣れない作業も多く、たっぷり3年をかけて、カフェをオープン。それでも最初は地面をならし、木製の電線ドラムにパラソルを立てたテーブルが3つあるだけだったそう。だから、ということではないけれど、最初の数年はなかなかお客さんに足を運んでもらえなかった。シーズン中ともなれば終日賑わいを見せているいまでは想像もできないけれど、オープンしてから10年間は、冬場の3カ月は農家の手伝いをしてやりくりしていたという。営業しながらも引き続きお店の体裁を整え、メニューを考え、そうやってカフェとして成長していくにつれて、お客さんは自然と増えていった。南国の楽園のように見える場所だけど、今日にたどり着くまでには関口さんの努力がある。でも、「うつくしい海と自然に囲まれた環境。ゆったりとした暮らし。移住してくる頃に思い描いていた暮らしが満たされているから、そのほかのことはあまり苦にならないんです」。そう言って関口さんは穏やかな表情を見せた。

　くっきりとした影が次第にその境界線を曖昧にし、するりと通り抜ける風が涼しくなると、そろそろ片付けの準備。今日も1日やさしい時間が流れる。日が沈む頃が、Pani Pani の閉店時間。

自然の中にいるような、手づくりの空間

関口さんの表情はどこまでもおだやか

住　所　沖縄県宮古島市下地字来間105-1
時　間　10:00 ～ 18:00
電　話　0980-76-2165
定休日　不定休　駐車場　あり
行き方　橋を渡り、坂の途中、右手にある自販機の裏

住　所　沖縄県宮古島市平良字西里505-28
時　間　11:00 ～ 19:00 (3～12月)、
16:00 ～ 19:00 (1～2月)
電　話　0980-73-3390
定休日　不定休
駐車場　あり
H　P　http://ameblo.jp/salvagemiyako/
行き方　アツママ御嶽近くの看板から60歩
(貝の家のお隣)

04 New Ritou Trip
宮古 | 宮古島 | アクセサリー

SALVAGE

サルベージ

うつくしい海から生まれた
アクセサリー

貝殻を拾うための「秘密のビーチ」へ出かける

旅で出会ったやさしい島

平良（ひらら）の市街地からちょっと外れたところ。看板に従って路地を入ると、その奥に緑に覆われた古民家が現れる。カラカラと引き戸を開けて中に入ると、貝殻やサンゴを使ったアクセサリーが所狭しと並んでいる。奥のカウンターにちょこんと座り、なにやら作業をしているのが民部政典さん。愛知県出身、釣りが好きで、釣りをしに旅行で来ていたのが宮古島との出合いだった。そのときに大きな魚が釣れて、宮古島は思い出の島になったそう。愛知に戻るも、仕事で悩みを抱えていた時期だったということもあって、宮古島が深く心に残っていた。「ゆっくりできて、海に行きたいと思ったときに行けるような暮らしがしたい」と、仕事を辞め、それ以外にはなにも決めずに、バイクに釣りの道具とキャンプ道具を載せて、名古屋港から旅立った。八重山諸島も回ったけど、「出会った人たちのあたたかさと、島の雰囲気にも惹かれて」宮古島へ。

1年間、ゲストハウスに泊まった。ほかのお客さんと楽しく過ごし、心の休養というような時間。ある日ビーチで貝殻を拾い、それに少し手を加えて革の糸を通し、アクセサリーのようなものをつくった。ゆんたく部屋（宿泊客が集まっておしゃべるする部屋）でつくっていたので、それを見たお客さんのひとりが「欲しい」と言ってくれ、ビールと交換することにした。その話を聞いたゲストハウスのオーナーが「たくさんつくって、置いたらいいよ」と言ってくれたのをきっかけに、貝を拾ってきてはアクセサリーづくりに没頭するように。趣味でやっていた革細工や、水道工として働いていたときの工具を使う技術など、いままで経験してきたいろいろなことがこのアクセサリーづくりに集約されていくようだった。いつしか制作に没頭するようになっていた。とはいえ、いつまでもこのまま、というわけにはいかない。アクセサリーづくりを「仕事」にするた

お店の奥にある工房スペースで

思いの詰まったアクセサリーが並ぶ

風合いがあって、壊れないもの

めに、一度実家へ帰ってお店を開くための情報を調べ、機材を買い揃え、材料の仕入れ先をチェックした。今度はトラック1台分の機材や材料と一緒に宮古島へ。ゲストハウスに泊まりながら物件を探し、半年かけて見つけたのが、この築50年の物件だったのだ。

2年ほどかけて、内装は全部手づくり。奥には工房兼自宅がある。「ずっと使えるものをつくりたい。風合いがあって、壊れないもの」。アンティークビーズを使ったり、夜光貝や赤サンゴを使ったり。海のものを必ず入れて、そこに天然石を組み合わせたりしている。つくっているのは自分ひとりだけど、いろんな人の目線になったつもりで、身につけてくれるお客さんをイメージしながら。買っていく人を見届けられるのも、ひとりでお店をする魅力だと思う。

「島にはなにもないけど、釣りをしたり、仕事も楽しくしているし、休みには海に行ったりと、いいリズムで暮らせています。都会でモヤモヤとしていた自分を、宮古島が助けてくれたんです」

サルベージのアクセサリーには、宮古島の自然を閉じ込めたようなうつくしさと、宝物を見つけたようなワクワク感が、詰まっている。

ヒロさんの人柄が、この宿の魅力のひとつ

05 New Ritou Trip
宮古 ｜ 宮古島 ｜ 宿

ひららや

Hiraraya

人が行き交う
ちいさなゲストハウス

宮古島には少し不思議なゲストハウスがあって、それは市街地からはとても近いけれど、メインストリートからは外れていて、ひっそりと佇んでいる。沖縄らしいコンクリート造りの四角い2階建ての建物で、その建物自体がものすごくすてきか、と言われれば、はい、と答えるのはためらってしまうような沖縄では一般的な風情。また、窓を開ければ海が一望できて、ということでも、ない。でもその宿には宿泊客や、そうでない人たちまでが行き交って、楽しくゆんたく（おしゃべり）したりしてる。実際、宮古島に移住した人と話をしていると、最初はこの宿にずっとに泊まっていたんですよ、という話を何度も聞いたほどだ。この宿のなにがそんなに人を惹きつけるんだろう。

オーナーのヒロさんは大阪出身。10代から20代の頃は海外を転々とし、その後は東京へ。都会で暮ら

住所　沖縄県宮古島市平良字東仲宗根 282-1 F
電話　0980-75-3221（8:00～20:00）
宿泊　ドミトリー1泊2,000円、個室1泊3,000円
駐車場　あり
H P　http://www.miyako-net.ne.jp/~hiraraya/
行き方　空港からタクシーで約15分、平良のナカソネスーパーの先

す中で「田舎で暮らしたい」という漠然とした思いを持っていたときに、たまたま友人を訪ねてやって来たのが宮古島。「どこにいてもフィットしない感覚があったのに、宮古島の人たちにピタッとはめてもらえたんです」。そんな居心地のよさを感じて、宮古島での暮らしが続いていく。あるときに友人に誘われて共同で始めたゲストハウス。約20畳ほどの部屋に手作りの二段ベットが3台。ひとつひとつのベットはちょっと広めで、ドミトリーといってものんびりと過ごせそうな雰囲気。6畳の個室もある。こちらは和室。訪れたその日はやさしい日差しが部屋をよりあたたかい空間にし、するりと通り抜けていく風が、なんだかとても居心地よく感じた。

　一緒に経営していた友人が抜けることになって、そのタイミングで宿を閉めることもできたけど、気づけばリピーターがついていて、それならもうすこし続けよう、そう思っているうちに10年が経った。

宮古島は、自分が楽でいられる。おせっかいだけど、尊重してくれる、そんな島。「ただ泊まるだけではなくて、島の人とも仲良くなって、コミュニティが広がっていくポイントになれたらうれしいんです。B級のロードムービーみたいで、それに参加しに日本中から人がやって来て、物語が生まれる。どこでどういう展開になるかはわからない。そんな出会いが楽しいんです」。

　移住してきた男の子に誘われて、40歳を過ぎてからサーフィンを始めた。お客さんや元お客さんがお店番をしてくれるとなれば、子どもたちを連れて海へと出かける。「脱力系なんです」と笑うヒロさんの人柄と、居心地のいいちいさな空間。島の人も旅人も、ここを行き交い、いくつもの出会いと物語が生まれる。それを知っているから、人はまた、この宿を訪れたくなるのだろう。ここは、宮古島の入り口のような、人が行き交うちいさなゲストハウス。

06 Sunny Side

New Ritou Trip
宮古 ｜ 宮古島 ｜ カフェ

サニーサイド

うららかな陽のあたるカフェ

住　所　沖縄県宮古島市平良字久貝 1068-9
時　間　11:30 ～ 21:00
電　話　0980-73-3364
定休日　火曜日　　駐車場　なし
Ｈ　Ｐ　http://www.facebook.com/SunnySideNaturalHealthyCafe
行き方　マクドナルド並び、道路沿い

海が見えるわけでもないし、見晴らしがいいわけでもないけれど、おすすめのカフェはどこかと聞かれたら、そのひとつにこの店を挙げたい。このお店が名前のとおり陽だまりのように心まであたたかくしてくれるお店だから。地元のお客さんが入れ替わり立ち替わりやって来ては、ごはんを食べながら、コーヒーを飲みながら、店主の川口明美さんとおしゃべりしている。ちょっとした悩み相談だったり、イベントの打ち合わせをしたり。みな楽しそうに話すから、その賑やかさがかえって心地いい。

宮古島に移住して11年になる。もともとは東京でアパレルの仕事をしていて、長く勤めたものの、商品のサイクルが早く、常にあたらしいものをお客さまに勧めることが、ものを使い捨てることを助長しているように感じ、「自分らしくないな」と違和感を感じるようになっていた。宮古島出身の人と知り合い、ホームステイ。うつくしい景色に魅了されて、いつかは住みたいと思うようになり、仕事を辞め、友人のカフェを手伝いに宮古島へやって来ることに。半年のつもりが、居心地がよくてあっという間の1年。ある日、ドライブしていたときに見つけたこの物件。ただ、そのときはまだ床屋さんが営業していたそう。その佇まいに惹かれていると、1カ月後にはなんと空き物件に。「あんまり後先考えないタイプ。やりたいことをやる、で生きてきた」と笑う川口さんが、それでも半年間悩んだという。でも結局、見つけたときに「私の家がある」そう思ったこの運命の場所で、カフェをやることを決めた。もともと料理を人に食べてもらうのが大好きだったという川口さん。島の食材を使いながら、ベジタコライスなど、野菜中心の料理を提供している。

「自分を成長させるために、この店をつくったような気がしています。たくさんおしゃべりする中で、いろいろな考え方ができるようになったんです。東京で暮らしていたときは自分のペースで生きていたつもりだったけど、人との待ち合わせ、電車の時間、知らず知らずのうちに環境や人に合わせていたんですね。宮古島でカフェをしていると、お店を開く時間も、お休みも、全部自分で決める。だから自分のペースで暮らすことができるんです。都会の暮らしに疲れて、この島に来てリセットし、また島を出て行く、そういう人も多い。もしかしたら私もいまは充電中なのかもしれません。でも、いまは住まわせてもらっていることに感謝して、ここで生きていきたいと思っています」

お休みは火曜日だけ。営業時間はランチから、晩ごはんまで。それをひとりで接客して、料理して、切り盛りしている。その間はずっとたのしそうにおしゃべり。大変そうな様子なんて少しも見えなくて、明るくて、太陽みたいに笑うひと。だからこのカフェにはいつも、陽が当たっている。

店名の通り、ここは陽の当たる場所。大きな窓から光がさして

07 New Ritou Trip

宮古｜来間島｜カフェ

純喫茶・福木

Jyun-kissa Fukugi

ちいさな島の、しずかな喫茶店

来間島にはちいさな集落があって、そこには学校があったり、売店でおばぁがゆんたくしていたり、散歩をすると、ノスタルジックでのどかな気持ちになる。そんな集落の端っこ。路地を入って看板が見えたら、それを頼りに道とも言えない隙間に入っていく。フクギに囲まれているから、名前も福木。そこにあるのは時間が止まってしまっているかのような、ちいさな喫茶店。

　東京でシステムエンジニアの仕事をしていた木村純さんは、ワーキングホリデーでニュージーランドを旅したとき、欧米人が自分の思うように自由に暮らしているように見え、刺激を受けたそう。リゾートバイトで3カ月ほど暮らしたことのある沖縄。そのときの楽しかった記憶。そして海のうつくしさと、人のあたたかさ。「自分に合った場所で暮らそう」。そう考えた木村さんは、宮古島へとやって来た。「仕事は探せばあるだろうし、家は安く借りられる」と、移住に際しての不安はとくになかったそうだ。

静かに、強く島を思う、木村さん

　宮古島の中でも田舎の集落で暮らしたいと思った木村さんは、自転車で集落を巡って空き家を探した。そうしてたどり着いたのが来間島の物件。5年ほど人も住んでいなくてボロボロだったという。自分で直してしまえば暮らせると、バイオトイレを設置し、シャワーもつけた。あるとき大家さんに、敷地内にある倉庫のような小屋で、喫茶店をやってみない？　と持ちかけられて、島に来てから自分でなにかやりたいと思っていたこともあり、迷いながらも一歩を踏み出す。閉店するというカフェから建具をもらい、床を張り、本棚をつくり、喫茶店として営業を開始したのだ。人通りもなく、探さなければ見つからないような場所だけど、それがかえって隠れ家のような感じになって、縁がある人だけに来てもらえるような、静かなお店ができるような気がして。喫茶店を営むのは初めての経験なので、試行錯誤しながら。店内の「ちいさな図書館」では本の貸し出しをしていて、少しばかりの雑貨も販売している。ハンドドリップのコーヒーはアンティークのカップに入れて。

　営業時間以外は、知人が来れば島を案内するガイドをしたり、サトウキビ畑でバイトしたり。いつかは自分で畑を持って、宿を営んだり、農業体験もしてもらえるようにしたいという。旅行で来るのと、実際に暮らすのとでは、島はまったく違う表情を見せる。体験を通して、島の人の暮らしがどん

なものか感じてもらいたい。なぜなら、人口は200人に満たないこのちいさな島のほとんどが高齢者。この島に住みたい、と思う若い人が増えたらいい。そう思っているからだ。

「ちいさな集落だからこそ、自分が動いたぶん、ダイレクトにその結果を見ることができるんです。いろいろなことができる可能性があるので、この先もおもしろそう。でも、まずは自分の足をこの島の地につけて、その次に、島のことを考えていきたいと思っています」

　ここは、フクギの木に包まれた、静かで、ちいさな喫茶店。それは来間島に灯るちいさな光。

住　所　沖縄県宮古島市下地字来間 89
時　間　10:00 ～ 18:00
電　話　090-5208-6274
定休日　FB で確認　　駐車場　なし
H　P　http://www. 福木 .com
行き方　来間大橋を渡って直進、ホテルハイビスカスを右折

08 New Ritou Trip
宮古｜来間島｜アクセサリー

utatane

ウタタネ

のんびりと居心地のいい アクセサリー屋さん

ショップスペースのちょうど裏側に、工房がある

宮古島から来間大橋を渡って、坂を上ったらすぐのところにある白い建物。木枠の窓がまっさらなその建物にほどよいニュアンスを与えている。折りたたみ式の木戸にはオーナーのこだわりを感じる。南国らしい、さわやかな佇まいが印象的だ。ここはutataneというかわいらしい名前のアクセサリーショップ。夜光貝やタカセ貝、サンゴ、サメの歯、流木などを使った手づくりの作品がならぶ。どれも自然をそのまま身につけられるような、やさしい風合い。女性が身につけたくなるようなものも、男性が手を伸ばしたくなるものも。

オーナーの竹下義司さんは大阪の出身。「日本全国を旅しようと思って石垣島からスタートしたら、宮古島でお金がなくなっちゃったんです」と陽気に笑う。東南アジアのものを中心にアクセサリーや衣類、雑貨などを扱う雑貨店で働くなどしながら、「お金が貯まればまた旅に」と考えていた。

宮古島で暮らしていて気がついたのは、誰もが生きたいように、気持ちに正直に生きているということ。だから魅力的に感じる人との出会いも多かった。そんな人たちと触れ合うたび、「自分に素直に、好きなことをして生きていきたい」という思いが強くなる。

Moby工房を営んでいた新島富さんのもとでアクセサリーづくりを学び、やがて独立。平良市に「トライブ」というお店を開いた。売れ筋よりも、自分が好きなもの、つくりたい気持ちに素直につくっている。それでも、アクセサリーを買ってもらえるということは、評価してもらえた、ということ。それはやっぱりうれしいもの。

宮古島へのひとり旅の途中でご主人と出会い、その1年後には移住していたという奥さんのユカさん。「うたたねしちゃうくらい、

こだわりの木枠の窓からやさしい光が差し込む

気持ちのいいお店にしたかったんです」。お店のどこか柔和な雰囲気は彼女によるものだ。カウンターの奥には自宅スペースがあって、窓から出れば、そこには工房がある。「アイデアを思いついたらすぐに作業ができるし、子どもが泣いたらすぐにそばに行ける。家族で一緒に過ごせるからこそ、仕事にもしっかりと向き合えている気がします」。

うつくしい海がそばにあって、緑があり、畑が広がる。ときにはホタルと出合うことも。自然のそばで、家族のそばで。そんな暮らしの中から生まれるアクセサリー。身につければきっと、やわらかな気持ちになれるはず。

住　所　沖縄県宮古島市
下地字来間105-9
時　間　10:30～18:00
電　話　0980-76-3725
定休日　不定休
駐車場　あり
行き方　来間島に入ってすぐ
2軒目右側

09 New Ritou Trip
宮古｜宮古島｜バー

Pisara《ピサラ》

地元客が通う、憩いのBar

宮古島を訪ねると、多くの人は平良市街に宿をとる。市役所の裏手に西里通りという通りがあって、そこには土産物店や居酒屋などが軒を連ね、言わば島一番の繁華街になっているからだ。その西里通りにあるコンビニエンスストアの脇に、ちいさな通り道があるから、見つけたらその薄暗さに躊躇せずに足を踏み入れてほしい。ごく控えめに「Pisara」という看板が見えるだろう。その階段を、上っていこう。

ピサラというのはここの地名「平良（ひらら）」の古い言い方。「観光客の方はあまり来ないですね」と、オーナーの梶原さんは笑う。島に暮らす人々が、晩ごはんを食べて、飲み会をして、さらにその後の1日の締めとして、この店を訪ねて来る。だから開店は20時だけど、混みだすのは大抵24時を過ぎてから。

梶原さんは新潟県出身。東京でサラリーマンをしていたときの旅行で初めて沖縄へ。ダイビングにはまり、「これを仕事にしたい！」と、その年のうちに仕事を辞めて、宮古島を訪れた。それが20代前半の頃のこと。とにかくきれいな海のそばで働きたかったから、東京での暮らしには未練はなかったという。来ればそこは期待どおりの場所。うつくしい海に魅了された。ほかの海も見てみようと、一度はケアンズやモルディブでダイビングのガイドをしていたこともあったが、再び海の仕事の誘いがあり、宮古島へやって来ることになった。

「慌ただしくないこの島のリズムが、自分に向いている気がします。島の人と出会い、結婚したこともあって、この島で暮らす決意をしました」。実はサラリーマンの頃、夜になったらレストランやバーでアルバイトをしていた。お金のためではなく、飲食店で働くのが好きだったから。釣り船やクルージング船などを扱う仕事も楽しかったが、体力的には大変な部分もあった。宮古島で長く暮らしていくために、自分ができることを。そう考えて、バーを開くことにしたのだ。取材に行った頃のメニューはさまざまなお酒と、島野菜のバーニャカウダ、宮古そばのジェノベーゼなど。基本的にはお酒のお店。料理はそのときどき、厨房に入る人によって変わる。だからこの店でどんな料理に出合えるかは、その時次第。

「島のちいさいコミュニティが心地いいですね。同業者同士もつながっていて、すごく仲がいい。自分のお店が終わってから友人のお店に飲みに行ったり、お客さんを紹介し合ったりしている。ほとんど宣伝のようなことはしていないけれど、そういうつながりの中でやっていけているんです。競争ではなく、助け合っている感じ」

「のんびりできる場にしたい」という梶原さんの想いは、そのまま店に現れている。ホテルに帰るその前に、ちょっとPisara に寄ってみてほしい。なんだか宮古島に暮らしているかのような、心地よい時間を過ごせるから。

住　所　沖縄県宮古島市西里通り
　　　　ファミリーマート2F
時　間　20:00～3:00
電　話　0980-73-1910
定休日　水曜日
H　P　http://pisara.ti-da.net

建物の階段を上ってから吹き抜けの中庭を通るちょっと不思議なエントランス。1日の終わりにぴったりの、落ち着いた雰囲気。

2

あたらしい離島旅行

八重山諸島

石垣島を玄関口とした
個性豊かな日本最南西端の島々。

FOOD

全国的にも有名なブランド牛「石垣牛」や、もちろんマグロなど獲れたての魚もおいしい。細丸麺のつるっとした八重山そばは定番。

BREAK

竹富島や小浜島、さらには黒島や鳩間島、新城島など、本当にちいさな島も多く、「なにもしない」をしに行くなら、そんなちいさな島がおすすめ。

TRAFFIC

石垣島は、八重山諸島の玄関口。離島ターミナルからは各島へのフェリーが出航していて、そこにいるだけでなんとも旅情漂う。

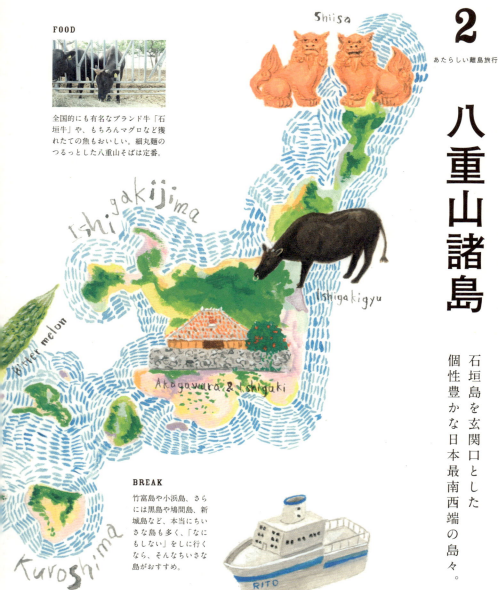

NATURE

八重山の方言で「やいま」と言い、10の有人島とその周辺の無人島からなる八重山諸島。西表石垣島国立公園にも指定され、自然や希少な動物たちの宝庫。

LANDSCAPE

国の名勝となっている「川平湾」をはじめ、絶景ポイント多数。最南端「波照間島」の海や星空、西表島のジャングルなど、自然のたくさんの表情が見られる。

CULTURE

石垣島は観光地とてして発展していて賑やか、移住者も多いよう。旧暦に基づいて行われる豊年祭などの伝統行事がいまでも大切にされている。

TRAFFIC

離島ターミナルのそばに宿を取れば、空港と結ぶバスや、フェリーが利用できるので、レンタカーの使用も最小限に抑えられて便利。

島への行き方

[飛行機]

石垣島は羽田、中部（セントレア）、関西、那覇の各地からの直行便あり。新空港の完成でより便利に。宮古島、与那国島へも。

[フェリー]

石垣島までは空路で。その他の離島へは「石垣港離島ターミナル」から。

沖縄本島からおよそ400キロ南西に離れた日本最南西端の島々で、その玄関口となるのが石垣島。八重山諸島の魅力はなんといっても石垣島を拠点としたアイランドホッピング。石垣島の離島ターミナルからは、八重山の島々へのフェリーが出航しているので、いろいろな島に足を延ばしてみると、島ごとに個性が感じられて楽しいです。ただ、天候によっては欠航することも多いので、事前にチェックが必要です。

石垣島はこの離島ターミナル周辺に市街地が広がり、お土産物屋さんや飲食店も豊富。市街地を離れれば国の名勝でもある「川平湾（かびらわん）」

YAEYAMA ISLANDS

など、うつくしい海や自然を見ることができるリゾートアイランドです。個人的には最北端の平久保崎灯台がお気に入り。どこまでも続く水平線とうつくしい海は、何度見ても心を奪われます。灯台はそれ自体がかわいらしい被写体なので、海をバックに撮影すれば、思い出の1枚が撮れるはず。

沖縄にはもともと先祖崇拝と自然の中にある神様への信仰が根付いていて、それは沖縄本島よりも離島に風習が強く残っている印象があります。たしかに八重山の豊かで力強く、うつくしい自然は、ときにそこに神様の存在を感じるような、神秘性を持っているように感じます。もしかしたら旅の途中に神様の存在を感じることもあるかもしれませんよ。

さて、石垣島から渡れる離島に目を向けてみましょう。高速船に乗ればわずか10分ほ

どで行ける竹富島（たけとみじま）には、赤瓦屋根の昔ながらの沖縄の風景が。星の砂で有名なカイジ浜やコンドイビーチが有名ですね。黒島は人口（200人ほど）よりも牛の数の方が多い島。広く平坦な風景の中をのんびりと過ごす牛たちの姿を見ることができます。西表島は沖縄本島に次いで県内2番目に大きな島で、その約90％がジャングルという、自然豊かな島。カヌーやトレッキングなど自然を満喫するのにおすすめ。植物園になっている由布島へ水牛車で渡る風景は、この島の名物になっています。与那国島は日本の最西端の島で、ほかの島とは違い、切り立った崖に囲まれた雄々しい風景を見ることができます。フェリーだと4時間ほどかかってしまいますが、飛行機で行けば

自然のなかに神様のいる島

およそ30分。ぼくがとくに気に入っているのは有人島として最南端の波照間島。ハテルマブルーと言われる独特の青に輝く海は八重山でも有数の美しさ。初めてニシハマビーチを訪れたときの感動はいまでも心に残っています。夜になると見られる降るような星空も、この島の魅力です。ほかにもほとんど観光地化されていない鳩間島や、定期船が出ていない新城島（あらぐすくじま）など、島それぞれに個性があるので、ぜひ体感してみてくださいね。

左から波照間良美さん、佐々木亮輔さん、葛西由貴さん、大林恭子さん。笑顔が弾ける

10 New Ritou Trip
八重山 ｜ 波照間島 ｜カフェ、雑貨、工房

あやふふぁみ

Ayaffami

4人の個性から生まれた一対の食堂と工房

スパイスが効いて、少しアジアンな雰囲気もある「島豆腐ちゃんぷる」

コンクリート造りのそのカフェは、強い日差しを押し返すような白さでそこに立っている。中に入れば壁にはたくさんのチラシ、本棚に詰まった本。ホワイトボードには手書きのメニューがあって、無機質なコンクリートの壁が、人の営みのあたたかさで覆われている。どこか懐かしさを感じさせる食堂。いまは大林恭子さん、波照間良美さん、佐々木亮輔さんと葛西由貴さんの4人で切り盛りしている。

もともとは島出身の波照間さんが別の友人と「パナヌファ」というカフェを営んでいて、事情があってそのパートナーが抜けるタイミングで大林さんに声をかけ、「あやふふぁみ」としてあたらしくスタートしたのが始まり。パナヌファをオープンした当時は、島にお昼ごはんを食べられるような食堂はほかになかったそうだ。だからオープンしてすぐにたくさんのお客さん。実は飲食店で働いた経験もなかった波照間さんは、料理も、経営も、練習しながら。「ものすごく待たせてしまって申し訳なかったです」と振り返る。でも、その当時から「島のおいしいものを、たくさんの人に食べてもらいたい」という思いは変わらない。今日のメニュー、島豆腐のチャンプルー定食は沖縄らしいメニューでありながら、どこかアジアンなテイストも感じさせる味わい。雑穀ごはんとの相性も抜群だ。

大林さんは青年海外協力隊で滞在していたドミニカ共和国から帰国し、日本中を旅していた。波照間さんから声をかけられて「流れに身をまかせるようにして」、波照間島へとやって来た。「波照間島は風の島。遮るものがないので、いつも気持ちいい風が吹いています。お店で出している干物は、この島の太陽と風がつくってくれるもの。自分がおいしいと思う気持ちを信じて、みなさんに提供しています」

佐々木さんは横浜出身で学生

コンクリート造りの沖縄らしい食堂。強い日差しが和らいで注ぐ

時代に八重山をひとり旅。そのときからこの島を気に入っていて、新卒でなんと波照間島の民宿に就職した。ここでの暮らしが気に入って、「きちんとこの島で暮らすために」、横浜に一度戻り、飲食店などで「きつい仕事」を経験。3年を目処に、と思っていると、ちょうどその頃に民宿で働き口があるとの連絡。再び波照間島に戻ってきた。とはいえこの島で長く暮らしていくには「自分でなにかしないと」。

「色に興味があって、写真は好きで撮っていたんですが、それとはまた別の形でこの島の『色』を残したいと思ったんです。それが染色でした」。

波照間さんは主に料理を担当し、大林さんは接客と経営を、佐々木さんは工房でお店番をして、「一番感性が豊か」と大林さんが言う葛西さんは主に接客と、壁画を描いたり、店の雰囲気をつくっている。波照間さんには15年来やりたいと思っていたこ

島の植物で染めた糸を、腰に巻きつける原始機で織る

とがあって、それは、食堂だけでなく工房を持つこと。ものづくりをして、それを売ること。4人が出会い生まれたのが食堂の裏手に造られた「ピヌムトゥ工房」。原始織りと言われる古くからの織りを用い、島の植物で染め、編む。4人がつくる作品が、そこに並んでいる。

この店を見ていると、人が場をつくる、ということを感じさせてくれる。島の環境があり、4人の個性があったからこそ、この場所は生まれた。ここは、食と織りを通して、島に触れることのできる店。

住　所　沖縄県八重山郡竹富町字波照間 475
時　間　11:30 ～ 15:00
電　話　0980-85-8187
定休日　不定休　　駐車場　あり
行き方　港から自転車で 7 分、たましろ荘、パーラーみんぴか近く

11

New Ritou Trip

八重山 ｜ 石垣島 ｜ 宿

Le Lotus Bleu

ル・ロチュス・ブルー

ちいさな集落の、大きな古民家の宿

石垣とフクギと、赤瓦の屋根。そんな、八重山の昔ながらの雰囲気が残る石垣島の白保集落。石垣に沿って、ふらりふらりと歩いていると、突如現れる築100年を超えるという飛騨高山から移築された古民家。以前は染物工芸館だったこの建物が、いまはLe Lotus Bleuという宿になっている。この集落にはちょっと異質な日本らしい佇まいの古民家で、中に入ればすぐに囲炉裏。炭で黒くなり、落ち着いた木の質感が、静かな空間を演出している。だけど和だけではないシンプルな空間で、モダンな雰囲気。この宿の予約は1週間以上の宿泊から受け付けている。1階には広い共有スペースもあり、たっぷりの時間を過ごすことで、島の暮らしをよりしっかりと感じることができる宿なのだ。

　この宿を営むのが、パトリック・ヴェルニオルさんと、奥谷麻依子さん。「家族がいつも一緒に仲良く健康に暮らし、自然と共存していけるように」。そんな思いで、この石垣島へとやって来た。

　奥谷さんがフランスでの語学留学中に出会ったというふたり。パトリックさんはある日仕事を辞め、「世界一周に行ってくるけど、君も行く?」と。エンジニアとして実績も積んできたけど、ひとつの会社に閉じこもるのではなくて、あたらしい視野を持ちたかったのだという。それからふたりで東南アジアから日本、中南米など世界各地を巡った。さまざまな生き方に触れ、自分の生き方を振り返るきっかけになったという。自分たちが楽しいと感じるのはどんなときだろう。それはやっぱり、家族や自然とともにあるとき、という気がする。

　国際結婚のふたりがその後日本で暮らしたのは「日本の暮らしも体験してから、フランスと日本のどちらに錨を下ろすか決めよう」という理由から。東京で数年暮らしているときに、一人目の娘さんがパリにいた頃と同じく、二人目の娘さんもアトピーを発症、顔が真っ赤に腫れてしまうことがあった。少しでも原因を減らそうと自然のある場所を求めて神奈川の大磯に移り、さらに自分たちに合った場所を探していく。そうしてたどり着いたのが石垣島だった。八重山の自然は豊かだし、うつくしい海のそばに築100年以上の古民家。ほかにはない環境に、直感でここだ、と感じた。

世界一周の旅から帰ってから、いつか「あたらしいことをしたいね」とふたりで話していた。その頃からイメージにあったのがゲストハウスだ。いまの社会のシステムの中では、自分たちが思い描くような暮らしができない。だからこそ自分たちで仕事を生み出そう。レストランはプロではないのでできないが、ふたりには語学力がある。自宅も兼ねればリスクも少ない。そんな思いで宿を始めることにした。

「つなげたい」というのが、ふたりの思い。Le Lotus Bleu という人が集う場があって、そこで情報

過去と未来、ひととひとを、つなぐ宿

ソファベッドもあるなど共有スペースでもくつろげる

Le Lotus Bleu

交換して人と人とがつながり、人や地域とつながっていくように。現在は半数以上が外国からのお客さん。国際結婚のふたりだからこそ、外国と日本をつなぎたいという思いがある。「過去があって、現在があり、それを理解してこそ未来を考えることができると思うんです。時間、人、土地。そのつながりの中に自分がいる、そういうことを感じられる宿にしたいんです」。

旅の中で1週間同じ場所に留まるからこそ、得られるものがある。Le Lotus Bleuは、そんなことに気づかせてくれる。

住　所　沖縄県石垣市白保148
電　話　0980-87-5576
駐車場　あり
宿　泊　6泊7日から 57,000円（ツイン）〜
Ｈ　Ｐ　www.lelotusbleu.asia
行き方　空港より390号白保方面、白保小前バス停横A-11を左折、約200m

パトリックさんと麻依子さん。ふたりの柔和な人柄もこの宿の魅力

12 New Ritou Trip
八重山 | 与那国島 | 雑貨

雑貨さくら

Zakka Sakura

最西端の島の、手づくりの雑貨屋

与那国島は方言名で「どぅなんちま」と言う。「どぅなん」とは「渡難」のことで、以前は外海の高い波にはばまれ、渡ることの難しい孤島だったそう。いまでは那覇や石垣島から飛行機で行くことができ、日本の東西南北端の中で唯一、一般の交通機関で行くことのできる西の端の島。石垣島よりも台湾のほうが近く、晴れた日にはその姿を見ることもできる。

店内あるほとんどが稲川さんが手づくりしたもの。やさしい陽だまりの中で

　さて、この島の祖納というちいさな集落の、住宅が立ち並ぶ（といってもわずかだけど）一角に溶け込むようにして、雑貨さくらはある。トタンの屋根に木製の木戸。敷地に入って正面にちいさな雑貨スペースがあり、そこには稲川留美子さんが自らつくった与那国織、草木染の布でつくったカバンやショール、カメラストラップなどが売られている。自宅の庭や、ときには山で採ってくるという植物たちで染めた色合いはどこまでもやさしい。ザクロやフクギは黄色、ガジュマルはうすいピンクになる。そのほかにも与那国島の手づくり石鹸や木のスプーン、島のおじぃがつくったというイトゥ（クバの葉）のウブル（水汲み）など、島ならではの雑貨が並ぶ。

　留美子さんは北海道の出身で、もともとは建築設計の仕事をしていた。多忙な毎日に疲れ「自分はどんな暮らしがしたいのか」と悩む日々。疲れもたまって車で事故まで起こしてしまい、行き詰まっ

楽しげに機織り機をあやつる稲川さん、暮らしも、ものづくりも、この場所で

少しずつ作り上げた、暮らしと、お店

ているところへ与那国島の製糖工場へアルバイトに行った友人から「良いところだよー」と、誘いの電話。「一度ゼロにしよう。自分の暮らしを考えたり、見直したりする時間が欲しい」と、会社を辞め、図面を描く道具も捨てて与那国島へ渡ることに。「とにかくゆっくりしよう。視野が狭くなっていなかっただろうか。『合図』を見逃していなかっただろうか。周りをしっかりと見回しながら、周囲の声を聞き、ゆっくりと。いままでとは逆の生き方がしたい」。

テントを持って与那国島に来たけれど、到着したその日に、知り合いのつてで家を借りることができた。それがいまも暮らす家。そのときは移住仲間の女の子3人で共同生活。やがて、同じく移住してきたご主人と結婚して、子どもを授かった。与那国織を学び、子育てに忙しくする日々が一段落したタイミングで雑貨屋をオープン。店名にしたのは娘さんの名前だ。「庭のある一軒家で暮らし、畑を

雑貨さくら

自宅前に増築した雑貨屋スペース。狭いけれど、ぬくもりに溢れる

し、犬を飼い、好きなときに海に散歩へ」。札幌を跳び立つ時に思い描いていた暮らしが、いつの間にかこの島で実現していた。

雑貨屋のスペースの奥はもちろん自宅で、畳間の奥の縁側のスペースに機織り機がある。左手にはキッチンがあって、奥にある庭には染色用のスペースが。雑貨屋部分の増築だけでなく、トイレを造ったり、お風呂のタイルを貼ったりと、少しずつ家に手を加えて、暮らしをつくってきた。そこは古い家だけど、ひとつひとつのものがきちんと整えられ、うつくしささえ感じさせる空間。そこからは、「暮らす」ってこういうことなんだな、と気づかせてくれるような、一日でとても大切に、丁寧に使っていることが伝わってくる。だから雑貨屋さくらは居心地がいい。雑貨屋さんに対して居心地がいい、というのもおかしな表現かもしれないけど、ともかく、コーヒーを一杯飲んでいきたくなるような、そんな場所なのだ。

住所　沖縄県八重山郡与那国町字与那国 397
時間　13:00～日没
電話　0980-87-2779
定休日　不定休
駐車場　あり
HP　http://sakurazakka.com
行き方　県道集落内信号を東へ１本目右折、田原川方向へ左５本目筋左折（看板あり）

13 New Ritou Trip 八重山 | 石垣島 | カレー

中村屋

Nakamuraya

おいしさを「編集」したカレー屋

中村裕子さんはもともとが、というかいまでも編集者で、だから「編集」についてはプロフェッショナルだ。だから「中村屋」というカレー屋は、いわば編集された〝コンテンツ〟のようなもの。

キャリアのスタートはスキーにまつわる雑誌、その後28歳の時に転職して料理を中心とした暮らしの雑誌「オレンジページ」に勤めた。やがて管理職になったが、やはり自分は現場の作業をしていたいと、38歳で独立し、フリーに。書店の料理本コーナーに行けばいまでもよく目にする『基本の和食』など、『基本の～（料理）』シリーズを立ち上げてヒットさせ、順調にキャリアを積んできた。年間に12～13冊を担当したり、ときには同時進行で広告の仕事も手がけるなど、多忙な日々を送ってきた。

それでも「50歳になったら人生を変えよう」と決めていて、そのときには東京に通えてしまうような近い場所ではなく、きっぱりと踏ん切りをつけるために、遠くへ。その場所に、仕事の関係で何度も訪れていた石垣島を選んだ。実はこの店の竣工式が50歳の誕生日の日だった。

「那覇だと東京とあまり雰囲気が変わらないかな、と。料理本をつくったときに協力してくれたお店が何軒かあることもあって、この島を訪れていた。あたたかいし、

スパイシーながらさらりとした味わいの「元気野菜カレー」

お店をすることで、島とつながれる

赤瓦が好き」。そうやって移住先を決めた中村さん。「島でなにかしないといつまでも観光客のまま。地域に根付けないと思ったんです。お店をすることでいろいろな人と知り合えて、島の社会とつながれる。それが島で暮らしていくにはとても大切なことだと思います」。料理本の編集で見聞きしてきた経験を生かそうと、カレー屋をすることに。そこは目の前の小学校から子どもたちの声が心地よく届く、沖縄らしい赤瓦屋根の店。おすすめのメニューは自分の畑で収穫したり、島産の野菜を使った「元気野菜カレー」。ニンジンにオクラ、カボチャにナス。ごろりと豪快に切られた野菜が目に飛び込んでくる。カレーはさらりとしていながら、しっかりとスパイスが効いている。沖縄らしさを空間で演出しつつ、フードマイルを抑えて地産にこだわり、無農薬の野菜を使う。人気のカレーパンは自家製の低糖質パン。旬の要素をしっかり押さえているあたりは、さすが編集者といったところ。沖縄といまのニーズがうまく組み合わされている。

石垣島は、もともと移住者が多い島なので、外から入ってくる人に対して寛容だそう。「せっかくだから楽しんで暮らしたい。この島にはおもしろい人がたくさんいるし、開放的な島です」。5分もあれば海まで行くことができて、夜空では星がまたたき、街にはいつも色鮮やかな花が咲いている。犬の散歩は1時間ほどかけてゆっくりと。この島での暮らしが、そんな日々の些事の大切さを教えてくれる。実はいま、本の仕事も続けている。仕事で東京へ行く機会もすくなくないが、それが、「石垣島での暮らしにとって良い刺激になっているし、両方あることがいまの自分にとって心地いいんです」そう中村さんは言った。

自家製低糖質パンのカレーパンも人気の一品

赤瓦屋根の店内は木目を基調とした落ち着いた雰囲気

住　所　沖縄県石垣市石垣 215
時　間　11:30 ～ 14:30　夜は予約のみ
電　話　0980-87-5075
定休日　水曜日
駐車場　あり
行き方　石垣小学校西門の前

14 New Ritou Trip
八重山 ｜ 波照間島 ｜ 雑貨、カフェ

仲底商店 shop + café

Nakasokoshouten

島に来た「証し」をお土産に

集落を抜けて、島の南側へ行くと、そこにはもう人の暮らしの灯りもほとんどなくて、だから夜になると降るような星空を見ることができる。仲底商店はそんな島の集落の中にあって、民宿の星空荘と同じ建物の1階にはオリジナルのTシャツや手ぬぐい、ポストカードなどを売る「商店」があり、少し離れた場所にある「ギャラリー」では、島のつくり手のものを中心にアクセサリーなどが並ぶ。商店は集落の風景にそっと溶け込み、ギャラリーはひっそりと佇むようにして、この島にある。

　オーナーの仲底美貴さんは長野県出身。長野県で出会ったご主人の実家である波照間島に移り住んだのは、もう13年も前のことだ。もともと油絵を学んだことがあるという仲底さんが、あるとき子どもたちの絵を見ると「ゲームの画面のような、気持ちが伝わってこない絵」だったことにショックを受けたという。その後訪れた波照間島で、たまたま開催していた学

子どもたちが、生き生きとした島で

長野県から移住し、このお店を切り盛りする仲底さん

習発表会で見た子どもたちとその絵。そこには生き生きと生命力があふれていた。子育てのことを考えると、子どもの感性が自然と育まれるような、自然豊かなこの島で暮らすのも良いかもしれない、そんなふうに考えているときに、ご主人の家庭の事情で実家の波照間島に戻ることになったそう。初めての離島暮らしはもちろん簡単なものではなくて、フェリーが欠航すれば買いものもできないし、コンビニエンスストアがあるわけでもない。だからこそ人々は助け合って生きていて、たとえば誰かが買いものをしてきてくれたり、自分のために時間を使ってくれることのありがたさを身にしみて感じるような場面が多かった。だから「いままで自分はずいぶん傲慢だったな」、そんなふうに感じた。

　もともとは長野県の小布施で街づくりに関わる仕事をしていたこともあって、子育てが落ち着いてくると、島の街づくりに関心が出てくるように。島に来た人たちに

楽しんでもらえる場所をつくりたい。そんな思いで、義母が営む星空荘の一角、倉庫になっていたスペースをすこしずつ整理して「仲底商店」をスタートしたのだ。といっても、最初は消しゴムハンコで手づくりしたポストカードをテーブルに並べた程度。それでもポストカードは1週間で売り切れたという。「みんなこの島に来た証しが欲しいんだ」、そう思った仲底さんは、それから手ぬぐいやTシャツなどオリジナルグッズを増やし、倉庫をすこしずつ整理し、お店の規模を大きくしていった。オープンから9年経ったいまでは店内にはたくさんの商品が並び、奥にカフェスペースもある。泡盛のジェラートはこの店の名物商品だ。島のおじぃに手伝ってもらって建てたギャラリーは、自分の好きな空間に。そうやって「ひとつの統一された世界観をつくっていくと、そこに人は集まってくるんです」。

　フェリーが欠航しやすいこともあって、波照間島は、来たくても

ここにきた理由が、きっとある

ちょっと酔いそうな「泡盛ジェラート」

カフェスペースの
カウンター席で、
まどろむのも良い

仲底商店 shop + café

仲底さんとスタッフの梶屋さん

義母が営む宿の倉庫を改装した雑貨屋スペース

なかなか来られない人も多いのだそう。「波照間島に来れたのにはきっとなにか理由があって、ここに来たことが、人生の節目になる人も多いんです」。この島には手つかずの自然が残っている。「人間と自然があまりにかけ離れてしまっている世の中で、波照間島の存在は貴重だと思っています。ここは自然の恩恵を感じやすい場所で、自分がなにをしたいのかがわかる島。島に来た人に、そのお手伝いができるような場所でありたいです」。不思議と心が軽くなっていく。それが島の力であり、仲底さんの人柄。ものを買うだけでない、「この島に来た証し」を得ることができる、そんな不思議な雑貨店。

住　所　沖縄県八重山郡竹富町字波照間 85
時　間　10:00 〜 12:00 ／ 14:00 〜 18:00（変動あり）
電　話　0980-85-8130
定休日　不定休
駐車場　なし
H　P　http://nakasoko.com
行き方　港から徒歩 10 分

15 New Ritou Trip
八重山 ｜ 西表島 ｜ 養蜂

うみわろやまわろ

Umiwaro yamawaro

島の百の花から採れるハチミツ

庭に置かれた養蜂箱。周囲の花から蜜をいただく

八重山の豊かな自然の恵み

西表島は八重山諸島最大で、その面積の90％が亜熱帯の自然林で覆われた自然豊かな島。人が暮らすのは海岸線のわずかな土地にかぎられていて、干立集落は400年以上の歴史があると言われる古き、ちいさな集落だ。家々に寄り添うようにフクギが並び、石垣の道を抜ければそこにはすぐにうつくしいサンゴの海が広がる。

「蜂の生活に人間が合わせるんです。自活させて、ポイントで手助けをしてあげるイメージ」。そう話すのは、この集落で暮らす中坂眞吾さんと純さん夫妻。自らが4年かけて移築した古民家に、養蜂を営みながら3人のお子さんとともに暮らしている。冬ならフカの木、春であればセンダイグサやセンダンの木、ヤラブの花、秋にはハマセンダンなどさまざまな植物がなり、中坂さんの蜂は季節ごとの植物から蜜を持ってくる。「百花蜜」と呼ぶそれは、季節ごとに植物が移ろうように、その味わいも移ろい、この島の豊かな自然そのもののような、やさしい甘さと、滋味深い味わいを感じさせてくれる。

20代前半で沖縄に移住、しばらく西表島のサトウキビ畑で働いていた。たまたま小屋を見つけて住み始めた集落だが、「自分の求める生き方ができるのがこの村」と中坂さん。自分たちが食べるぶんだけの田畑を耕し、馬を飼い、鶏を飼う暮らし。ここには長い歴史と文化が色濃く残っていて、2カ月に一度は集落の人々が総出で神事に関わる。家を建てるのも住民たちが力を合わせる。だから中坂邸が建つまでの数年間は、集落のたくさんの人々が手伝ってくれて、夜になればお酒を飲む、という暮らし。「この3年は毎日宴会してた感じでした（笑）」。

この集落には宿泊施設があって、その利用客からの依頼もあって、この数年は「うみわろやまわろ」という名前でネイチャーガイドをしていた。あれもこれも体験して！というのではなく、1日1組限定で「こっちの時間の過ごし方をす

自らの手で移築した古民家で、採れたてのハチミツを味わう

満ち足りた自然との暮らし

るんです。誰もいないビーチでぼーっとしたり、自由に遊んだり」。そんな緩やかなツアーは好評で、気づけば連日の予約。「ちょっと忙しすぎるね」と、夫婦で話し、こちらは知り合いや常連のお客さんだけに限定することに。そしていま力を入れているのが養蜂なのだ。

「こういう生き方をしていたら、幸せに、平和に暮らしていけるんだろうな。この集落の暮らしを見て、そう感じたんです。必要以上にお金を稼ぎたいとは思ってなくて、時間があればものづくりをしたり、昼寝をしたい（笑）」。

きっと、島の自然を案内することも、田畑を耕すことも、ハチミツを採ることも、中坂家の暮らしそのもの。季節によって、周りの環境によって、その味わいは変わり、もしかしたら一度として同じものは採れないかもしれない。でも、共通しているのは、満ち足りた自然との暮らしの中から採れるからこその、やさしくてやわらかな味わい。

住　所　沖縄県八重山郡竹富町西表 987（蜂蜜、ツアー）
販　売　島内の港や石垣空港、宿泊施設等で購入することができます。詳細はお問い合わせを。
電　話　0980-85-6769
H　P　http://www.mco.ne.jp/~umiwaro/

蜂を 飼い、鶏がいて、馬がいる。ちいさな集落のなか、そこに馴染み、手づくりした家で暮らす。自然と共に。

16

New Ritou Trip

八重山 ｜ 黒島 ｜ カフェ、雑貨

living cafe & zakka

ICONOMA

イコノマ

居心地の良い、伊古の間

人口が２００人ほど。「ほとんどみんな知り合いです」という島での暮らしがどういうものなのか、ぼくにはちょっと想像ができない。窮屈ではないだろうか、不便ではないだろうか。そんな疑問を吹き飛ばすように、彼女はこう言って笑った。

「パリのアトリエで忙しくしていたときに、太陽も見ない生活でいいのかな、と思ったんです。自分が住みたいと思う場所に住みたい。

食器類もかわいらしいベトナムコーヒー

黒島との出合いは神様からの贈りものだと思っています」

石垣島から高速船またはフェリーに乗って30分ほど。周囲13キロほどしかなく、信号もない。自転車でふらりふらりと観光するのにちょうど良い大きさで、平坦な土地には牧場が広がり、人の数より牛の数が多い島。その伊古という集落にICONOMAというカフェがある。大きな木の下を通り過ぎ、引き戸を開けて中に入ると、そこにはアジアのような、ヨーロッパのような、独特の異国情緒を感じさせる空間が待っている。入って右手の白い壁にはいくつもの写真が飾られ、全体を淡いグリーンの壁がシックに包み込んでいる。このカフェを営むのは金城珠実さん。埼玉県出身で、5年ほど前に結婚を機に黒島へとやって来た。19歳のときにファッションを学ぶためにフランスへ。19世紀にパリで活躍したフレデリック・ショパンが好きだった、というのがパリを選んだ理由らしい。そこで10年ほど

アジアのような、どこか異国の雰囲気が漂う

暮らし、あるとき友人を訪ねて石垣島に来ると、ちょうど豊年祭をやっているということで黒島へ足を運ぶことに。金城さんの目に映ったその島の風景は、まるで日本ではないようで、衝撃を受けたのだという。その後はリゾートのアルバイトをしに黒島へ。ご主人とはそのときに出会い、結婚することに。そしてパリから黒島へと移住。「都会では情報が多すぎて、自分らしく生きられない、と感じていたんです。黒島は日本じゃないみたいなすてきな雰囲気だけど、日本語が通じて便利です（笑）」。パリで暮らしたアパート近くの石畳の階段は、実はピアノを学んでいるときの楽譜の表紙にあった階段と同じ場所だった。金城さんには黒島の暮らしと人々を写したお気に入りの古い写真集があって、その中でも特に好きな写真のひとつが漁師のおじぃの写真。後でわかったことだけど、ご主人は実はそのお孫さんだったという。なんだかとても不思議な「つながり」。で

お店入り口の目の間にあるハンモック

living cafe & zakka ICONOMA

も、そういう縁があるということは、「土地に呼ばれる」ということなのかとも思う。

パリに暮らしていたときに、友達が来るたびに、料理やケーキなどをつくってもてなしていたという金城さん。カフェ文化の根付いた街で暮らすうち、憧れもあって、黒島に来てから自分のカフェを開いた。それも、自分らしく生きるための、ひとつの手段。いろいろな要素があっても不思議な統一感で居心地がいいのは、金城さんがほかの情報に惑わされず、制約されず、純粋に「自分らしさ」を表現しているからなのだと思う。

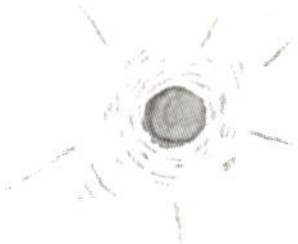

住　所　沖縄県八重山郡竹富町字黒島 1409-1
時　間　11:00 ～ 17:00
電　話　0980-85-4855
定休日　不定休
駐車場　あり
行き方　港から自転車で 15 分。伊古桟橋から 2 分

※現在一時休業中。2015 年 7 月から再開予定

島嫁市を主宰する仲良しの新城美保さんと伊古桟橋で

瀬戸内の島

島嶼《とうしょ》の見事な景観、
食にアートに、見所満載。

NATURE

1934年に雲仙や霧島とともに日本で最初の国立公園に指定された。大小1000にも及ぶ島々の内海多島海景観が特徴。

FOOD

小豆島といえばオリーブ。さらにそうめんや醤油、ごま油など。今治・大三島の柑橘類や、淡路島はタイやハモなどの魚介、淡路牛など、とにかくおいしいものがたくさん。

CULTURE

淡路島は古事記・日本書紀によると日本発祥の地とされていて、日本最古の神社「伊弉諾神宮」があるなど、パワースポットとしても注目のエリアです。

島への行き方

[飛行機]

瀬戸大橋に近いのは岡山空港か高松空港、しまなみ街道方面なら松山空港も。淡路島へ行くなら神戸空港も。

[フェリー]

小豆島をはじめとして、船でしか渡れない島も多数。瀬戸内はたくさんの航路があるのでしっかりと下調べをして。

小豆島オリーブ公園にあるギリシャ風車。海に向かって立つその佇まいは外国の風情で、なんともフォトジェニックなスポット。

CULTURE

港町の素朴な街並みや、ちいさな山の見事な棚田など、人と自然とが共存してきた風景を多く見ることができる。

ART

アートの島として有名な「直島」や、この直島を中心として3年に1度「瀬戸内芸術祭」が開催されるなど、アートによる地域おこしも盛ん。

TRAFFIC

本州と四国を結ぶルートは、神戸と徳島県の鳴門を結ぶ鳴門海峡、岡山県倉敷と香川を結ぶ瀬戸大橋、今治と尾道を結ぶ瀬戸内しまなみ海道の3つあり、本州から気軽に渡れる島も多い。橋を渡るときは強風注意。

近畿、中国、四国、九州に囲まれた瀬戸の内海。ここには大小合わせて3000もの島が存在していて、次々に姿を現す島々を眺める景観は、世界的にも評価が高いほど。雲仙、霧島とともに、1934年に日本で最初に国立公園に指定された場所でもあるのです。

　気候は温暖で、食も豊か。岡山県と香川県をつなぐ瀬戸大橋や、大鳴門橋、瀬戸内しまなみ海道など橋で渡ることのできる島も多いので、気軽に旅に出かけられるのも魅力のひとつ。厳島神社で有名な「宮島」や、アートで島を活性化した「直島（なおしま）」など魅力的な島は尽きません。

　神戸から明石海峡大橋と、徳島とは大鳴門橋とでつながっている瀬戸内海で一番大きな島「淡路島」。古事記・日本書紀によれば大八嶋（日本列島）で最初にできた島とされていて、パワースポットとしても注目の島です。また、古くから朝廷に食材を献上し

SETOUCHI

てきた「御食国」として知られるほど食材も豊富。温泉もおすすめだったりします。自然が豊かな素朴な風景がたくさん残っていながら、都会とも近いからか洗練された魅力的なお店が多い気がします。面積が広いので、「島旅感」は少ないかもしれないけれど、何度訪ねても飽きないほど魅力あふれる島です。

　オリーブの島として有名な小豆島は、本州、四国の8つの港とつながっています。

　紅葉の名所である寒霞渓やエンジェルロードなどの景勝地のほか、古くから醤油やそうめん、ごま油などの食品の産地としての顔も持ち、年間およそ100万人もの人が訪れる観光の島。四季折々に変わっていく風景はうつくしいの一言。小豆島オリーブ公園にはギリシャ・ミロス島から

食も文化も豊かな魅力で溢れる

送られた風車が立っていて、まるで外国のような風情。おしゃれなカフェも点在しているので、ぜひカメラを持って旅をしてほしいフォトジェニックな島です。

　今治から尾道までの70キロにわたり、7つの橋からなる「しまなみ海道」。最近ではサイクリストにとても人気で、そのうつくしい景色を眺めながらさっそうと自転車を漕ぐ人の姿もよく見かけます。どこも自然が豊かで風光明媚、見所はつきません。

　今回紹介した大島と大三島は今治市。大三島には日本総鎮守と呼ばれる「大山祇神社」があり、その境内にある神木は樹齢約2600年だそう。神の島として知られています。

　瀬戸内海は、何度でも旅をしたくなるような、そしてどんな旅を求めていてもそれに応えてくれるような、魅力と、懐の深さを感じさせるエリアです。

17 New Ritou Trip
瀬戸内｜大島｜パン、カフェ

Paysan

ペイザン

暮らしと、パンと、自分たちの手でつくるもの

初めてこのお店を訪ねたのはもう7年も前のこと。前日は松山で一泊し、早朝から訪ねていって雑誌の取材をさせてもらった。paysanのある大島は、今治からしまなみ海道を渡ってすぐの場所にある。吉海町本庄というちいさな集落の中、細い道を上った先で、求光章さん、ゆう子さん家族は暮らしている。

明け方の薄闇の中、煙突からは煙が立ち上る。光章さんが友人の手を借りて自作したレンガ窯に薪をくべ、パンを焼く。オーガニッククレーズンから発酵させた自家製の天然酵母を使い、シンプルな材料でつくられたパン。カンパーニュやノア・レザン、くるみバタールやメランジェ。ヒマワリの種をまぶしたものや、さまざまなベーグルまで、素朴でいながら力強い、自然を感じさせるものばかり。

自然の中で営む自給自足の暮らしを求めての移住だった。光章さんの実家のある九州も考えたが、家の裏手には畑にできるスペースがあって、その先をさらに進むと海に出ることができるこの場所に一目惚れして。それは神戸で暮らし、和歌山のパン屋さんで3年ほど働いた後のこと。友人たちの後押しもあってパン屋を開くことを決めてから、その古い平屋を自分たちの手で改装し、レンガ窯と、パンを販売するスペースを造った。7年ほど前に訪れた当時は、パン屋といってもまだ家の前にテラス

手づくりしたパン屋、カフェスペース。赤い扉が目印

できたてのパンが、やさしい朝日を浴びて

薄闇の中、自宅の奥にある作業場で

と簡単な屋根があるだけだった。いまでは壁がつき、カウンター席があって、焼きたての石釜ピザを食べていくこともできる。週1日だった営業は週2日に増えた。お店が休みの日でも薪を運んだり、自分たちの暮らしやお店の状況に合わせて改装したり、パンの仕込みをしたりと忙しい。裏の畑には鶏小屋ができているけど、畑はまだ完成していないし、移住してきた頃に思い描いていたような「自給自足」の暮らしはできていないかもしれない。島で暮らすということは、経済的な面でも、人間関係の面でも大変なことはたくさんあるだろう。それでもぼくの目から見たpaysanは、この島にしっかりと根付いた暮らしを営んでいるように見えた。

　だからパンをつくることは暮らしそのもので、それは彼らにとって家を造り、家族とともにいることと同じことなんだと思う。まるで、暮らしと仕事が溶け合っているような。「なんでこんなきついことを仕事にしちゃったんだろう」と笑いながら話す光章さんのパンは、ただただ生きることに真っすぐで、正直で、生きる力にあふれている。当時小学生だった子どもたちも大きくなって、長男の大地くんは東京の大学へと進学した。変わったことももちろんたくさんあるけれど、きっとふたりの暮らしを大切にしたいという思いが変わらないから、ぼくの目には、当時と同じようにこの店がうつくしく映るんだと思う。

住　所　愛媛県今治市吉海町本庄 477
時　間　11:00 ～ 17:00
電　話　0897-84-4016
営業日　木、土曜日
駐車場　あり
H　P　http://www.q-paysan.com
行き方　バス停津倉入口、あいえす造船場が目印の隣の集落

変わらずに、続いてきたもの

小豆島の真ん中あたり、風光明媚な千枚田に囲まれて「こまめ食堂」はポツンと佇んでいる。その昔、地域の精米所だったという建物の引き戸を開けると、少し高い位置に設えられた窓から、建物のすみずみにまであたたかな光が降り注いでいた。その光の中に、鼻をくすぐる料理の香りと心地よい人の気配。やさしくて力強い生命力に、包まれていた。

もともとここは2010年の夏に開幕された「瀬戸内国際芸術祭」の企画のひとつとしてオープンしたお店。その閉幕とともにお店も閉じたのだが、翌年の春、リニューアルオープンすることになった。お店を閉じてから周辺の人たちへのお礼を兼ねてお弁当を配ると、「次はいつオープンするの？」そんな声をたくさん聞いたのだそう。「地域に灯ったちいさな明かりを消してしまわないように」、ゆるやかにこまめ食堂は再スタートしたのだ。

お店を切り盛りしているのは小

豆島生まれ、小豆島育ちの立花律子さん。「一歩一景、百歩百景というように、季節ごとにこんなに表情豊かに風景の変わる場所はほかにないのではないでしょうか」。そうこの島の魅力を語る立花さんは、小豆島観光協会に勤めたのち、知人と「DREAMISLAND」を立ち上げた。DREAMISLANDはガイドツアーなどさまざまな活動を通して島の魅力を伝える会社。瀬戸内国際芸術祭の運営に携わったことがきっかけで、こまめ食堂の運営を担うことになったそう。

　料理も飲食店の経営もまったく経験のない中でのスタートで、試行錯誤の連続。あまりの大変さに、瀬戸内国際芸術祭の閉幕時には疲れ果てていたそうだ。それでもこまめ食堂を再開したのは、この場所から「いつもの小豆島」を伝えることができると思ったから。提供しているのは、この千枚田で育ったお米を銘水と直火でふっくらと炊き上げたおにぎりが自慢の「棚田のおにぎり定食」。ちなみに

18 New Ritou Trip
瀬戸内 | 小豆島 | カフェ

こまめ食堂

Komame Shokudo

風の吹き抜ける棚田に佇む、あたたかな食堂

人気の「棚田のおにぎり定食」。島のもの、旬のものでボリューム満点

窓からのうつくしき借景。いつまでもぼんやりと眺めたい

こまめ食堂

棚田を見晴らすことのできる、気持ちよいテラス席

新米は9月頃に出るとのこと。おかずは島のもの中心で、近海で獲れた旬な海の幸（冬場はシタベラメやフグ、春はサワラやイカフライ、夏から秋にかけてはカレイなどの魚とエビと野菜のかき揚げ、アジの三杯酢などが定番）、自家製の梅干しや漬け物、ナスの田楽など。ほかに「小豆島オリーブ牛ハンバーガー」や「小豆島素麺」があり、どれもこの島でしか食べられない、この島だからこそ食べられる味わい。そしてどれもこの島に暮らす「自分たちらしいメニューを」と考え出したもの。

DREAMISLANDを2006年に立ち上げたとき、立花さんが最初にはじめたのがブログだった。それは小豆島の魅力を伝えたい、という気持ちの発散で、ガイドブックに載らないようなささやかでも魅力的なスポットや、日常の小豆島の風景を紹介していて、またたく間に人気になった。そんな立花さんが切り盛りするからこそ、こまめ食堂には島への愛と、その魅力であふれているのだ。お店に入ったときに感じたあの生命力は、きっとそこから生まれているのだろう。日ごとに変わる景色の中で、変わらずそこに佇むちいさな食堂。この食堂には、何度だって足を運びたくなる。なぜなら行くたびに、違う表情を見せてくれるから。

住　所　香川県小豆郡小豆島町中山1512-2
時　間　11:00-17:00
電　話　0879-75-0806
定休日　火曜日（大型連休や祝日は火曜も営業）
駐車場　あり
H　P　http://www.dreamisland.cc/cafe/komame-cafe.html
行き方　土庄港からバスで20分、春日神社前下車

カフェスペースのカウンター席は懐かしい風情の椅子で

19 New Ritou Trip
瀬戸内 ｜ 淡路島 ｜ カフェ、雑貨

233 cafe

233 カフェ

居心地の良い街をつくる、きっかけのカフェ

商店街、という言葉の響きに、ぼくは少しホッとする。大型のショッピングモールやきらびやかな高層ビルが立っているよりも、自分が住んでいる町の商店街が元気だったら、そのほうがうれしい。なぜかと言えば、お店の人たちの表情が見え、親近感があり、そうやって人の体温を感じる中で暮らすことができるからだ。

洲本市にあるコモード56商店街

窓から垣間見えるのは、魅力溢れる島のもの

は、タイル状の道路やアーケードがレトロ感を醸し出す、淡路島きっての繁華街。といっても普段はとてものんびりとした雰囲気で、その一角に233 cafeはある。ここはヒラマツグミ一級建築士事務所の平松克啓さんが運営する、淡路島の暮らしに寄り添った料理を提供するカフェであり、島の人々、つながりのある人々の作品を扱うショップであり、コミュニティスペースであり、ギャラリーだ。店内は仕切りがなく開けた空間で、テーブルの足元をよく見ると、それはビールケースに板が載っているだけだったり、簡易的なレイアウト。だけどそれを感じさせないセンスの良さがある。「簡易的」なのは、すべての什器を簡単に移動させやすくすることで、いつでもレイアウトを変更し、イベントや展示に対応できるようにしているためだ。

　大阪の大学の建築科を卒業し、26歳の頃に出身地である淡路島に戻ってきた平松さん。学生時代はこのちいさな島は退屈に感じていたけれど、設計事務所を起こし、233を運営するようになって、「陶芸家だったり、農家だったり、いろいろな人と出会うことができて、おもしろいなぁと思うようになったんです」。事実、このショップを見ているだけでも島から生まれたさまざまな商品に興味を惹かれる。charの「島のふく」、山田屋のジャム、淡路島へ移住してきた料理研究家どいちなつさんの本、現代美術家・岡本純一さんの「アワビウエア」など。

「昔のような家の建て方に近づきたいんです。誰かが家を建てるとなると、山に木を切りに行って、地域で協力して家を建てていた。いま野菜とかはオーガニックな素材に対する意識も高まっているけど、建築でも、素材を意識し、地域で協力して生産・消費するような意識を高めたい」

平松さんはほかにもさまざまな活動をしていて、古民家の再生とそこでの暮らしを提案する「リコ

居心地よく暮らすための、環境づくり

この日の「季節のロールケーキ」は島のいちじくを使って

ミンカ」や、「淡路はたらくカタチ研究島」では、島の豊かな地域資源を活かした仕事や商品開発をサポートしている。どれも、淡路島に暮らし、仕事をする中で、人とのつながりの中で生まれた活動。「いろいろな活動をしているけど、それはつまり、自分たちが居心地よく暮らすための、環境づくりなんです。この場所もそういう環境が生まれるきっかけになればいいなと思っています」

淡路島に訪れたなら、まずはここに来てみるといいと思う。きっと、旅の行き先のヒントになるようなにかに「つながる」ことができるから。

住　所　兵庫県洲本市本町5-3-2
時　間　11:00〜18:00
電　話　0799-20-4488
定休日　木曜日
駐車場　コモード56商店街の駐車場を利用

COMMODE 5
233

山田屋

20 New Ritou Trip
瀬戸内 | 淡路島 | ジャム

山田屋

Yamadaya

ふたりはいちご農家で、
ジャム屋さん

山田屋というちいさなジャム屋さんがあって、そこは金曜日しか開いていない。週末は各地のイベントに出店し、そのほかの日は、畑に出るからだ。

この店の主、山田修平さんと優子さんは大学の農学部で出会った。その頃から「いつかふたりで農業を」と思い描いていた。それぞれ大阪と香川の出身で、淡路島はお互いの実家のちょうど真ん中あたり。ふと訪れたときに、この島の独特の空気感、景色にキラキラとしたものを感じ、いつか住めたらいいな、と思っていたそう。たまたま淡路島に暮らす人と出会ったことから、家が見つかり、畑が見つかり、移住することに。

「いちごを育てよう」と思ったのは、子どもから大人までみんなが大好きな果物だから。育て方を丁寧に説明しながら販売し、安心感を持ってもらえるようなものを育てたい。滋賀の観光農園で働きながら、そんな夢を持っていた修平さんと優子さん。

優子さんももともとは畑に出ることを夢見ていたが、学生時代に農園で働いてみると、その重労働に体がついていかずに断念。打ちひしがれているところに恩師からのアドバイス。「育てること以外にも、農業と関われることがあるよ、って言われたんです。なにが好きなのって聞かれて、お菓子づくりが好きです。それでいいじゃないか！　って言ってもらって」。それからは「加工で農業を支える立場になりたい」と、山田屋ではジャムづくりを担当。島の農家から仕入れた素材でジャムをつくる。素材を大切にしたいから余計な添加物はいっさい入れない。「農家さんにどんなふうに育てたのか、

子どもから大人まで大好きないちごで

住　所　兵庫県淡路市仮屋 91
時　間　10:00 ～ 18:00
電　話　0799-70-4022
営業日　金曜日
駐車場　あり
H　P　http://awaji-yamadaya.com/
行き方　東浦 IC から車で 10 分。
民宿大倉荘、仮屋漁協近く

どんな味にしたいかということを聞いて、その味を表現したいと思っています。このジャムを食べた後に、お客さんが農家さんのところにその果物を買いに行きたくなるのが目標です」。

修平さんが畑でいちごを育て、優子さんが加工する。それが、自分たちに合った生き方。「農業をしたいという思いはあっても、いろいろ悩みはありました。でも、いつしか自分たちのことがわかってきて、この方法で生きていけるんじゃないか、そう思ったんです」。

海沿いのちいさな集落の住宅街にひっそりと佇むジャム屋さんから車で5分ほど。丘を登り、「この景色に心を奪われました」という大阪湾を見晴らすうつくしい眺望の場所に、山田さんたちのガラス温室がある。移住して3年目の春、「いちご園」をオープンした。3月から4月にかけての週末のみ、完全予約制のいちご摘み。農業を通して、この島がもっと元気になったらいいと思っている。いちごも、ジャムも、そのためのツールなのだ。毎年春になれば、この農園は、きっと笑顔であふれるに違いない。

自分たちにあった生き方で、島を元気に

お店にはこれまで作ってきたサンプルが。
いちご園は見晴らしの良い高台にある

庭にある離れがショップスペース。手づくりの服が並ぶ

21 New Ritou Trip
瀬戸内 | 淡路島 | 衣料

Char*
チャー

暮らしから生まれる衣服

住　所　兵庫県南あわじ市津井 2066
時　間　11:00 ～ 17:00
電　話　0799-36-3078
定休日　不定休
H　P　http://char-by-cheep-cheep.com/index.htm
駐車場　あり
行き方　番地 2066 もしくは 2016 で検索（池の側の建物）

そのデザインがどこから生まれるか。それは「暮らし」の中から。必要として、自分が着たいと思うもの。それは「生活するための衣」。淡路島のちいさな集落の古い日本家屋に、衣料ブランドcharはある。自宅は事務所兼作業場であり、離れはささやかな店舗になっている。各地の衣料品店に商品を卸すための作業場としての意味合いが強いので、お店は不定休。営業時間といえども電話をしてから訪ねなければ、無駄足になってしまうこともあるかもしれない。それでもこのお店に足を運んだほうがいいと思うのは、この服が生まれる場所を見て、着たほうがいいと思うからだ。

東京や横浜で18年間暮らしたのち、清岡正明さんとまなみさんの家族が故郷である淡路島にやって来たのは2007年のことだ。もともとはアパレル業界に勤めていたまなみさんが、出産を機に退職し自宅でパタンナーとして活動したのがはじまり。知人のカフェの一角を借りて洋服を置かせてもらうところからスタートした。妊娠中でもラクに着こなせるデニムや、自然素材を身につけたい、そんな自分の思いから生まれたブラウスやシャツ。自分のそのときに着たいという気持ちに素直に従って生み出した衣類だから、同じ境遇のママ友を中心に大好評だったそうだ。

たとえば都会で暮らすことのストレスや子育ての難しさ、自宅で家事や仕事をこなすことの煩雑さ。そんなことを感じていたときに考えたのが淡路島への移住だった。越してきたのは空き家になっていた親戚の家。「食が豊か。海も山もあり、空が広い。自然の中にいるほうが制作意欲が湧くし、都会にも出やすくて、刺激ももらいやすい。ここなら、仕事と家庭が一緒のほうがやりやすいと思いました。子どもにとっても良い環境だと思います」。

洋服づくりは直感で。日々の暮らしを通して、自分の内側から出てきたものを転写する。そしてそれを正明さんと協力して「商品」へと昇華する。足元をしっかりと見つめながら暮らすことのできる淡路島にいるからこそ、「生活するための衣」という部分を大切にしたい。淡路島は「ものを生む島」だという。そんな地のエネルギーを得て、暮らしの中から生まれるcharの服。それは暮らしに寄り添い、やさしく体を包み込む。

自宅が仕事場。夫婦隣り合って作業を進める

22 New Ritou Trip
瀬戸内｜大三島｜カフェ

ロコバス

Locobus

大三島の魅力をまるごと伝える ちいさな移動カフェ

それは移動カフェだから、すてきな空間があるわけではないし、凝った料理が出てくるわけでもない。でもカフェという「場」ができることで、そこには人が集まり、コミュニケーションが生まれ、情報が伝わっていく。カフェの魅力を語るとき、そんな人に対する吸引力とか、情報の発信力みたいなものも、大きな要素だと思うのだ。

松本佳奈さんの移動カフェ「ロコバス」の舞台は愛媛県の大三島。不定期で「ふるさと憩いの家」や「道の駅」「大山祇神社参道」などいろんな場所でロコバスをオープンしている。

もともとは兵庫県加古川の出身、飲食業に長く勤め、その道を追求するために東京のお店でも働いた。それでも8年ほど働いたが、多忙な毎日ゆえに「地に足のついていない」感じをぬぐえないでいた。そんなときに知人の紹介で総務省管轄の「地域おこし協力隊」に出合い、初めて訪れた大三島で、手つかずの自然の豊かさ、特産である柑橘類のおいしさに感動し、協力隊に応募することに。協力隊の話を知人から聞いたのが2011年の12月末のこと。翌1月に説明会に出席、2月に面接を受けて採用され、3月には移住していたのだとか。

協力隊の活動を通して感じたのは、島には人が集まる場所が少なくて、コミュニケーション不足なのではないかということ。人と人が語り合い、力を合わせるための場がないので、いくら島に魅力があっても、それを伝える活動ができていない。そんなこともあって協力隊として「こよりカフェ」というイベントをしたところ、地域の人とつながる実感を得ることができた。だから「それを続けたいと思ったんです。この島には素敵な場所がたくさんあるから、それなら車でやろう！ 外に出れば、それ自体が宣伝になるし」。それがロコバスのはじまりだった。

思いは「大三島をまるごと伝える」ということ。「オミシマコーヒー焙煎所」のコーヒーや、「花澤家族農園&菓子工房 花菓舎」のレモンを使ったレモネードにパウンドケーキ。松本さんが魅了された島の魅力が詰まったものばかりを販売。だからそこには島の人も、観光客もいろいろな人が訪れる。

ロコバスの活動をしながら、松本さんは「株式会社しまど」を立ち上げた。島の土、島の人、島の窓、それに島のＡＤ（広告）。島の人たちと一緒になって、島の魅力を発信していきたい。たとえば、東京で約30種類もある大三島産の柑橘類を味わってもらい、販売するイベントなども開催しているのだ。

そして、松本さんは地域おこし協力隊の任期である3年が過ぎても、この島に留まることに決めた。

「のんびりとした島の雰囲気に流されちゃうときもあるけど、自分がしっかりしていれば、自分の思いでやっていけると思うんです。私は移住者なので、外とのつながりがあります。そういうものを活用してどんどん魅力を発信していくことが、この島での私の役目なんだと思っています」

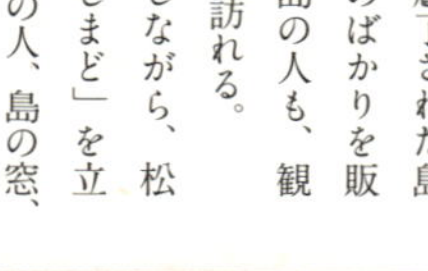

住所　愛媛県今治市大三島周辺
時間　オープン場所により異なる
電話　090-6200-0080
営業日　不定（下記で確認を）
ＨＰ　http://ameblo.jp/locobus6583/
行き方　みどり色のワーゲンバスが目印

花澤家族農園のレモン畑で花澤さんと笑顔を交わす

島のいたるところでオープン。ロコバスはどこへでも

23 New Ritou Trip 瀬戸内 | 小豆島 | カフェ

タコのまくら

Tako no Makura

6年かけて手作りした海の前の古民家カフェ

小豆島土庄出身のやまちゃんこと山本貴道さんは、「自然舎」という「シーカヤック」や「島歩き」のガイドツアーをする会社を営んでいる。高校を卒業して一度は島を離れ、東京都庁に就職し、奥多摩で3年間川魚を、小笠原諸島では6年間海の生物の調査研究をして暮らしていた。その頃に出合ったカヤックにはまって、これを仕事にしたい、と思うように。どこでやろうかと考えたときに、思いついたのが自分の故郷の小豆島だったそう。いまから11年ほど前に

看板メニューの「うたたね御膳」。島の恵みたっぷり

駐車場からお店へと続く路地。なぜかほっとする風景

小豆島に戻ってきて、自然舎を始めた。それは、カヤックなどを通して、小豆島の豊かな自然と、人をつなぐ仕事。

「おだやかな海は光を反射していつもキラキラとしているし、ちいさな島なのに歌舞伎やお祭りといった文化や、醤油にそうめん、オリーブがあり、米もつくれるし魚も獲れる。８１６メートルの山があって紅葉を見ることもできるんです。ちいさいからこそ情報を発信すればすぐに反応があるし、仲間を見つけやすい。移住者も多くて、すごいおもしろい島だな、と気づいたんです」

自転車で通りかかってたまたま見つけたという、海を目の前にした古民家。惹かれるものを感じ、ガイドだけでなく、人と人とがつながる場所をつくりたい、そう思って、思いきって購入することに。梁を直すのに2年かかり、シロアリも出てきた。近くの解体現場から木材をもらって利用したり、壁を塗り、床を張り、窓をつくったり。シーズンオフの時間などに、電気やガス、水道以外はほぼスタッフと一緒につくり上げた。考えていたのは「土と木でつくり、直線は入れないやわらかな空間にすること」。「タコのまくら」というのは海の生物の研究をしている頃に出合ったヒトデのような生き物。名前のインパクトと、タコが昼寝をしてしまいそうなぐらい、のんびりしてもらえる場所にしたい、という思いを込めて名付けたのだそう。6年かかって、2014年の11月についにオープンした。

提供している料理はそのときどきの旬の食材を使った「うたたね御膳」など。料理を担当するのは栃木県から移住してきた、かみおかれいこさんだ。この日は南瓜マッシュのサラダに蒸し野菜のたかきびマスタードソース、たたき牛蒡の炒め煮に菊芋とジャガイモのシャキシャキ梅酢和え、そして人参フライ。「今年から田んぼも始めたんです。自分たちが育てたもの、それとつながりのある人たち

普段はガイドが中心の山本さんが、珈琲を淹れてくれた

昼寝をするように、のんびりと

タコのまくら

土壁のやわらかな雰囲気が、店内を包み込む

の食材で提供したいと思っています。小豆島なら、それができそうだと思って」。

この日はやまちゃんが接客をしていて、そのおだやかな笑顔で店内をやさしい雰囲気で満たしていた。日の光も、土壁も、空間全体がやわらかに感じるような、居心地のよさ。小豆島を旅していたら、「やまちゃんのお店には行きました？」って何度も実は聞かれた。それだけやまちゃんが島の人から愛されている証拠。きっとこのお店も、島の魅力にあふれ、島の人に愛されるお店になるに違いない。

住　所　香川県小豆郡小豆島町池田 1336
時　間　11:30 ～ 17:00
電　話　0879-62-9511
営業日　月曜日、金曜日、土曜日、日曜日
駐車場　あり
Ｈ　Ｐ　http://takomaku.red/
行き方　池田の浅敷手前の駐車場から海沿いの道に出てしばらく行ったところ

24 New Ritou Trip
瀬戸内｜淡路島｜陶工房

樂久登窯

Rakutogama

街に「澄む」ことで生み出されるうつわ

瀬戸内海に浮かぶ、淡路島の海のそば。昔ながら、という言葉どおりの風景が広がる洲本市五色町鳥飼浦の集落に、「樂久登窯」はある。母屋があって、離れがあって、いわゆる古い日本の農家の家。ここをリノベーションして工房兼ギャラリー、カフェを営んでいるのが西村昌晃さん。「時間を忘れて集中できる」ものづくりが自分に向いていると感じ、20歳で日本六古窯（にほんろっこよう）のひとつである丹波立杭焼（たんばたちくいやき）の窯元に弟子入り、6年ほど修行を積んだ陶芸家だ。独立したのは26歳のとき。幼いころに遊びに来ていた淡路島の祖母の家。この場所に工房を構えたのだ。カフェは姉の本白水美帆子さんが切り盛りしている。

丹波立杭焼のはじまりは800年ほど前とされ、一貫して日常の

土と、ものづくりと向き合う工房で

つくる、ことにとことんまで向き合う

雑器をつくり続けてきた。そんな丹波立杭焼をベースにした西村さんの器は、素朴だけれど食卓を華やかにし、やわらかな佇まいでも、どっしりと力強い落ち着きを感じさせる。

「すべてのことはつながっていて、偶然はあり得ないと思っています。起こったことの意味を探していくと、そこに行動が起き、やがて言葉を獲得し、ものづくりに反映されると思っています」

独立して10年と少し。ものづくりに対する姿勢は変わってきた。「つくる」とはどういうことか。たとえば料理人であれば、「素材を活かす」と言う。では陶芸家は？

「道具というものは過去に誰かがつくったもののアレンジでしかなくて、ゼロから生み出したものではない。だからこそ、背景を探り、知ることで、初めて『作った』と言えるような気がするんです。過去の時代のものをいまの時代に差し込む。そんなものづくりがしたい」

　陶芸家という存在は、ときに哲学者のような雰囲気をまとうことがある。それは「つくる」ということに対してとことんまで向き合い、掘り下げ、それを形にするという作業を日々行っているからにほかならない。まだ30代だけれど、西村さんからはそんな、静かなオーラのようなものを感じとることができる。神戸で生まれ育った西村さんにとって、淡路島は自然豊かな地。この地で作陶することは、彼になにを意味するのだろう。

「生産者が周りにたくさんいるんです。海には漁師がいるし、都会にいるときには見ようとしていなかった、自然に寄り添って暮らしている人びとのつくる現場を見ることができるのは、とても刺激になります。昔の人は住むことを『澄む』と言ったそうです。それはたとえば道を掃除したり、人間関係を良くしたり、街を澄んだ状態にするということ。先人たちがそうしてくれていたから、ぼくはこの場所で自由に活動してこられたんだと思っています。だから、これからは僕がこの街の日常の中で器をつくり続け、『澄む』ということが、役割であり、恩返しなのかな、という気がしています」

　つくることへの探求を止めず、なおかつ街に澄む中で生まれる器。だからこそ、そこには不思議な重みのようなものが感じられるのだ。

樂久登窯

受け継いだ技術のうえに、「いま」を加えたうつわ

住　所　兵庫県洲本市五色町鳥飼浦 2667-2
時　間　10:00～17:00
電　話　0799-34-1137
定休日　火、水曜日
駐車場　あり
H　P　http://rakutogama.com/index.html
行き方　アスパ五色の看板を右折、道なりに進むと看板が見える

一歩、工房を出れば、柔和な表情を見せてくれた

もともとが学校だった建物の大きな窓からは、たくさんの光が注ぐ

25
New Ritou Trip
瀬戸内 | 淡路島 | カフェ

ノマド村 Cafe CHIQ

Nomadomura カフェ・チキュー

ちいさな集落にやってきた
旅の途中の廃校カフェ

住　所　兵庫県淡路市長澤727
時　間　12:00～18:00
電　話　0799-70-1165
営業日　土曜日、日曜日
Ｈ　Ｐ　http://www.nomadomura.net
駐車場　あり
行き方　北淡ICから車で東へ約10分

協力し合いながら生きる場として

写真家で映像作家である茂木綾子さんと、パートナーである映像作家のヴェルナー・ペンツェルさんが、ドイツ、スイスでの暮らしを経て淡路島に「ノマド村」というアーティストコミュニティをつくったのは6年前のこと。日本での拠点を探しているときに知人に紹介されたのが淡路島。ちょうど小中学校の統廃合による廃校の使い道を探していた。

「都会だと広い場所を維持するだけでも大変なので田舎に行こうと。それなら中途半端な場所じゃなくて、本物の田舎に行きたかったんです。自分たちの制作活動ができて、人を呼ぶような企画やプロジエクトができる広い場所。いくつか見た中で、この長澤の廃校が規模的にもぴったりでした」

淡路島の北部に位置する長澤集落。うつくしい海を通り過ぎ、田んぼの続く坂道を上っていった先の見晴らしの良い高台に、ノマド村はある。そこは茂木さんたちの創作の場であり、暮らしの場であり、カフェとなった。「子育てにしても母と子だけで家にいるのも大変だし、コミュニティというオープンな場であれば協力し合いながら生活できる良さがある。そういう暮らしができたらいいな、と思って」。

もともと職員室、保健室、校長室だった空間の壁を抜き、ワークショップを開催して多くの人とともに壁塗りをして造ったカフェは、子どもたちを照らしていたであろうやさしい光はそのままに、のんびりと過ごしたくなる落ち着いた空間になった。創作活動のかたわら、週末だけ営業するカフェをつくったのは、地域とのつながりを持つという目的があったからだ。

いまでは地元の人も、観光客も、多くの人がやって来る。ただのんびりと過ごしたり、情報交換をしたり。お店の片隅には島のアーティストの作品や、長澤で採れた野菜の販売などもされている。

「自分たちが楽しく暮らすっていうのがまずあって、それをうまく表現できれば、それに惹かれてやって来る都会の人もいるんじゃないか。いままでは楽しいことは都会にある、というイメージを持っている人が多かったと思うけど、そうではなくて、ここで楽しいことをしたらいいんじゃないって。ここでいろいろな企画が生まれ、少しずつ移住してくる人も増えてきました」

カフェの運営に始まり、島の仕事を生み出す「淡路はたらくカタチ研究島」など、地域とのつながりを深めたり、活性化させるさまざまな活動をしてきた茂木さん。これからは、本業である映画の製作に力を入れていきたいと言う。

「こうでなきゃ、というビジョンはなくて、いまはここがすごく好きだし、ここに住んでいることが幸せ。だからと言ってここに固執しているわけではなくて。いまも旅の途中なんです」

いつまでもここにありそうで、でもどこか儚げなうつくしさを持つ。自由に人が行き交うここは、ちいさな廃校のカフェ。

ノマド村 Cafe CHIQ

26 New Ritou Trip
瀬戸内｜大三島｜ショールーム

左衽《サジン》

古民家に静かになじむ、鉄の佇まい

花器やランプシェード、オブジェ。空間にまるでアクセントをつけるかのごとく、鉄でつくられたそれらが配置されている。自由に形を変え、暮らしの空間になじみ、そこに大人びた静けさと、気品、ときに遊びのようなものを与える。鉄という素材のおもしろさを教えてくれるのは、大三島の集落にある「左衽」。鉄の造形作家である山田幸一郎さんの、いわば「鉄のショールーム」だ。

もともとは広島で車のドアの設計をしていたという山田さん。あるとき、農業をしながら、自然の中での暮らしがしたいと、空き家になっていた祖父の家に住むことに。島のちいさな修理工場で働きながら、自然のそばで、ゆったりとした暮らし。暮らしを良くしようとコツコツと造り上げていた空間が知人たちに好評で、背中を押してもらって「ルフージュ」という名でカフェを開いた。それは月に数日のみの営業、友人を招くように、生活の一部として。そうして、島の暮らし溶け込んだのだ。

実は山田さんは母も姉も陶芸家というものづくりの家系。でも「土」という素材が自分に合わないと感じていた山田さん。修理工場での仕事などを通して、鉄でつくる喜びを知った。自然の素材でありながら、長く使えるもの。自由に形を変え、やがて錆び、自然に帰ろうとすること。そんな鉄の魅力に気づき、鉄を素材にものづくりに向き合うようになっていく。作品を見たときに衝撃を受けたという造形作家の松岡信夫氏。知人のつ

てで、千葉県に工房を構える松岡氏のもとで修行をさせてもらえることになった。カフェを閉め、島を出て千葉県へ、3年弱修行に精を出した。そのまま松岡氏の工房を継ぐことも考えたが、震災もあって、この島に帰ってきた。今度はカフェではなく、自分のつくる「鉄」をしっかりと見せられる空間にしたい。ショールーム、と言っているのは、お客さんにしっかりと鉄を見てもらい、話を聞きながら、ものをつくりたいから。そのうえで、「鉄を通して生活を豊かにする手助けができれば」。

予約制でコース料理を提供する予定もあるが、いまのところ提供するメニューはコーヒーや奥様の香織さんがつくる自家製のケーキなどの軽食のみ。いまは鋳造による建築や生活における具を中心に、花器やオブジェなどの作品づくりを手がけている。この場所にはさまざまな作家さんの作品を置いて、さらに「物と空間と環境を考える場」にしていきたいのだという。

「鉄は自分にとって、作品の素材であり、仕事です。自然に生じる造形を活かしつつ、暮らしの中にうつくしい線を描きたいと思っています。ここは近くに造船所もあって、鉄の作家にとってはいい場所だと思う。お店が落ち着いてきたら、展示会なんかもしたいですね」

2014年の11月29日にオープンしたばかりの左衽。ショールーム兼自宅から徒歩2分程度の場所にある工房では、猫が昼寝をし、鶏がにぎやかに鳴き声をあげ、そばに畑がある。「遊びながら、仕事しながら」。山田さんはこのちいさな島の自然の中で、真摯に、鉄と向きあう。

住　所　愛媛県今治市上浦町
　　　　瀬戸2294
時　間　11:00～17:00
電　話　0897-87-3730
営業日　毎週土曜日、
　　　　第二、四日曜日
H　P　http://www.rufuge.com
駐車場　あり
行き方　瀬戸港近く

27 New Ritou Trip
瀬戸内 ｜ 淡路島 ｜ 雑貨、イベント

NEHA

ネハ

波の音が心地よい
丘の上のセレクトショップ

目の前には緑と、その先に海が見える

竹や木に埋もれた古民家を

「波の音を聞きながら暮らしたい」そう思って日本中を旅した。富山や金沢、瀬戸内海では直島、高松にも行ったし、福岡には1カ月ほど住んでみた。自分がいたい場所を探して。そうやってたどり着いたのが淡路島のこの場所。水道も通っておらず、古民家自体が竹や木で覆い尽くされていたけれど、波の音が耳に届くこのロケーションに一目惚れした。何カ月もかけてその草を刈ると、目の前には、青く輝く海が見えた。

　国道から海に向かって階段を下り、その下にある築100年はあるかという古民家。草むらに覆われるようにしてある入り口を入ると、そこにはオーナーの白神優賢さんの言う「友人や仲間のつくる洋服や雑貨」が並んでいる。松本で活動するキャンドル作家Lifartのキャンドル、大図まことさんのクロスステッチ、アメリカからはecho park potteryのマグカップなど、「愛情がたくさんこもった、とても楽しくて、かわいいものばかり」。

　東京や神戸で音楽イベントの企画やファッション、雑貨、カフェの経営をしてきた白神さん。都会から離れ、淡路島でお店を開くことに対しても、「やりたい」という気持ちだけでとくに不安はなかったと言う。「いまはどういう環境が自分にとって居心地がいいのか、実験しているところなんです。淡路島は客層も本当にさまざまで面白いし、海が目の前ののどかなロケーションでありながら、都会ともつながっていられる。都会にいたときよりも、遊びに来てくれ

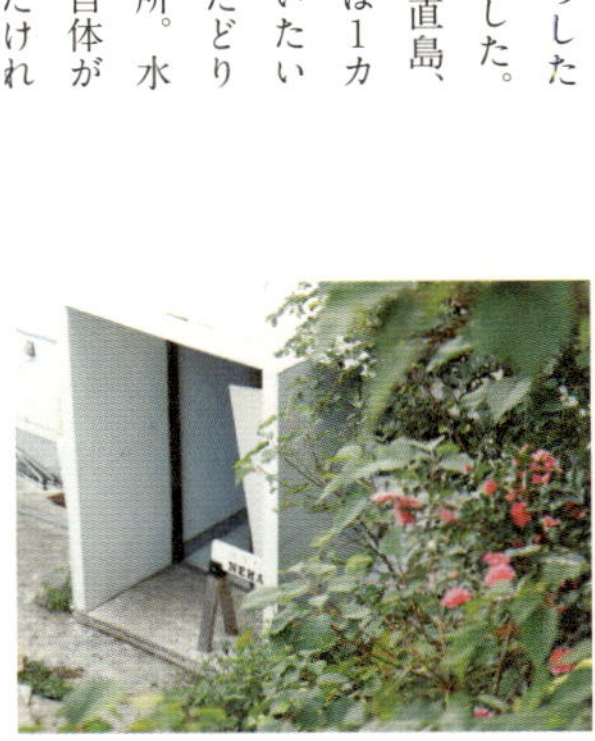

国道沿いに立つこの看板が目印

センス良くディスプレイされた商品

心を開くことのできるロケーションで

る友人が増えたような気がします。それはきっと、場所の力なんでしょうね」。

すぐそばを国道が走っているというのに、それをまったく感じさせない静けさ。

「このロケーションは、この場所にしかない。心を開くことのできるこの環境で、買いものを楽しんだり、お茶をしたり音楽が聴ける場所にしたいと思っています」

淡路島に移り住んだのは、田舎暮らしがしたいからではない。冬は東京を拠点にするなど、両方の暮らしを楽しんでいる。仕入れて売るだけではつまらないから、出会った「おもしろい人たち」を、イベントなどいろいろな形で紹介したい。だれが見てもあのお店は「かっこいいね」と言うようなことをしたいのだ、自分がいたい場所で、ほかにはないロケーションで。

NEHA

住　所　兵庫県淡路市釜口465
時　間　11:00 ～ 19:00
電　話　0799-74-2313
定休日　不定休（12～3月は冬期休業）
駐車場　あり
Ｈ　Ｐ　http://www.neha-awaji.com
行き方　国道28号線沿い。野田交差点を洲本方面へ100mほど南

背後の海に、静かに陽が沈んでゆく

店内にほのかに届く、波の音を聞きながら

Lemon
Lemonag
レモネード
ジューシーポンズ
Limoncello

住　所　愛媛県今治市上浦町瀬戸 2342
時　間　11:00～17:00
電　話　0897-87-2131
定休日　火、金曜日
（12月～2月は水曜日も休み）
駐車場　あり
H　P　http://www.limone2.com
行き方　海沿いにあるバス停「瀬戸」付近に看板あり

28 New Ritou Trip
瀬戸内 | 大三島 | 農家、リキュール

Limone

リモーネ

柑橘の島の恵みでできた 個性あふれるリモンチェッロ

リモンチェッロとはイタリアで愛されているレモンのリキュール。「すごく忙しいけれど、大好きなお酒に関わる仕事ができてうれしい。この場所だからできることだと思っています」と語るのは山﨑知子さん。ご主人の学さんとともに、自家農園で育てた柑橘類でつくるお酒などを販売するちいさなお店Limoneを営んでいる。

もともとは東京で会社員をしていたふたり。イタリアを旅行したときに出合ったリモンチェッロに感激し、オーガニックで、自分たちの育てたレモンでお酒をつくりたいと移住を考えるようになった。働き詰めのご主人が体調を崩したこともあって、本格的に移住先を探していると、就農を支援するイベントで柑橘類の栽培が盛んな大三島に出合ったそう。

「好きなことをやっていくので大変だとは思わなかったし、不便なところに行こうと思って（笑）」

そうして2008年に大三島へと移住。耕作放棄地を借りてレモンをはじめとした数種類の柑橘類を有機や無農薬にこだわって育てることに。突然やって来て、「無農薬で育てたレモンで、お酒をつくる」というのだから地域からは奇異の目で見られることも。それでも懸命に働くふたりの様子は少しずつ島に溶け込み、先輩の農家から育て方を教わったり、地域の人が様子を見に来てくれたりするようになった。そして2014年の1月にはついにリキュール製造免許を取得。レモンを育て、リキュールも手づくりのオリジナルのお酒づくりができるようになった。

白い壁に青と黄色がかわいらしいお店では、無農薬のレモンを皮ごと使った「レモン丸ごとストレート果汁」や「ジューシーポン酢」「オリジナルレモネード」などのオリジナル商品がたくさん並んでいる。ほかにさまざまな場所からやってきたかわいらしいレモンをモチーフにした雑貨も。隠れた人気商品は「リモンチェッロアイスもなか」。さわやかな味わいとひんやりとした食感で、お土産を買いに来たつもりがその場で食べていく人が続出。お酒だけでなく買いものもしっかり楽しめるのだ。

育てることから加工、販売まで。夫婦ふたりだけで営むのは大変だけれど、それだけに、すこしの隙間なく、そこには愛情が詰まっている。だからこそ、Limoneが生み出すものはどれも大三島に吹き抜ける風のようにさわやかでありながら、しっかりと心に残るのだ。

29 New Ritou Trip

瀬戸内 ｜ 小豆島 ｜ カフェ、農家

HOMEMAKERS

ホームメイカーズ

自然と人が集まる
居心地の良い家のように

居心地のよさを感じるにはきっといろいろな理由があって、それはたとえば窓からの日差しの入り方がちょうどよかったり、手入れの行き届いた清潔感やうつくしさ、おいしい料理、やわらかなソファにほど良く時間の経過を感じさせる家具、お店の人のお客さんとの距離感もそうだろう。とにかく、そんなささやかないくつかのことのバランスが絶妙に組み合わさったとき、それは自然と感じることができるんだと思う。

　昔話の世界に出てきそうな瓦屋根の家が立ち並ぶ日本の田舎の風景。子どもたちが元気に駆け下りていった坂道を入れ違うようにして上っていくとたどり着く。引き戸を開けるとそこには、歩いてきた集落の風景とはまるで別世界の空間が待っている。

　名古屋で造園の仕事を10年ほどした後、三村拓洋さん、ひかりさん、いろはちゃんの家族が、祖父の住まいだった築１２０年の古民家に越してきたのは２０１２年10月のこと。朝から晩まで働きずくめの多忙な暮らし。そんな都会での生活に違和感を感じていたときに、家族が体調を崩したこともきっかけで移住を決意。拓洋さんは幼い頃に訪れていて、ひかりさん、いろはちゃんも２０１０年の瀬戸内芸術祭のときに見て、いい印象を持っていたこの場所を選んだ。

　移住してからはじめたのは農業だ。拓洋さんは家の周囲に畑を借りて、野菜や果物、ハーブなどを

有機肥料を使って育てていて、収穫した食材を販売している。移住してきて考えたのは、「暮らしに必要なものを自分たちの手でつくる生活が送れたら、きっと人生は豊かになるだろう」ということ。そして「人が集まる場をつくりたい」ということ。だからこの場所はHOMEMAKERSと名付けた。家を造るようにして自分たちの手で「場」をつくる。そこをカフェにすることで、人が集まり、輪が生まれる。「もともと空間をつくることは好きで、好きな空間ができたら人に見てもらいたくなりますよね。それと、場をつくったことで、地域の人の打ち合わせに使ってもらったりして、人が集まるようになりました。この場所で、いろいろなことが起こっていくのがうれしいんです」（ひかりさん）

２０１４年の２月にカフェをオープン。農業をしながら、週末にはカフェを開く。多忙な毎日だけれど、いつも家族が一緒にいられる喜びがある。

移住して動き出した、自分たちの暮らし

HOMEMAKERS

「移住して、自分たちの暮らしが動きだしている感覚があるんです。すぐにその街になじむのは難しくても、3年経てば必要とされるよ、とアドバイスをくれた人がいました。しっかりとこの地に足をつけて暮らしていきたいと思っています」「いまは自分の時間をこの場所のために最大限に使いたい。そして誰もが来たくなるような、楽園をつくるんです（笑）」（ひかりさん）

ここは、家族ときちんと暮らすためのベースであり、人の輪を広げる場。そういうものを自分たちの手でしっかりと、感触を確かめながらつくり上げているから、彼らの笑顔は清々しいんだと思う。だからこの場所は、居心地がいいんだと思う。

住　所　香川県小豆郡土庄町
　　　　肥土山甲 466-1
時　間　11:00 〜 17:00
電　話　0879-62-2727
営業日　金・土曜日
駐車場　あり
Ｈ　Ｐ　http://homemakers.jp
行き方　肥土山バス停から
　　　　歩いて約 10 分

五島・奄美

道のりは長くても、一度は訪ねたい
豊かな自然と個性ある文化。

LANDSAPE

五島列島は「長崎の教会群とキリスト教関連遺産」として世界遺産登録を目指している。教会はどれもフォトジェニックな佇まい。

FOOD

長崎県なのでちゃんぽんもおいしい。特産として日本最古のうどんと言われる「五島うどん」がある。細くてコシがあり、伸びにくいのが特徴。

島への行き方

[飛行機]

五島列島の福江島へは福岡空港や長崎空港から1日3往復程度。与論島へは那覇空港と鹿児島空港から。

[フェリー]

福江島へは長崎港、博多港からのフェリーがある。上五島へは佐世保港からのフェリー・高速船も。与論島は鹿児島―那覇間のフェリーで。

CULTURE

古くからヤブツバキが自生し、集落ごとに製油所があったという椿油が名産。福江島の今村製油所など、昔ながらの方法で精油しているところも。

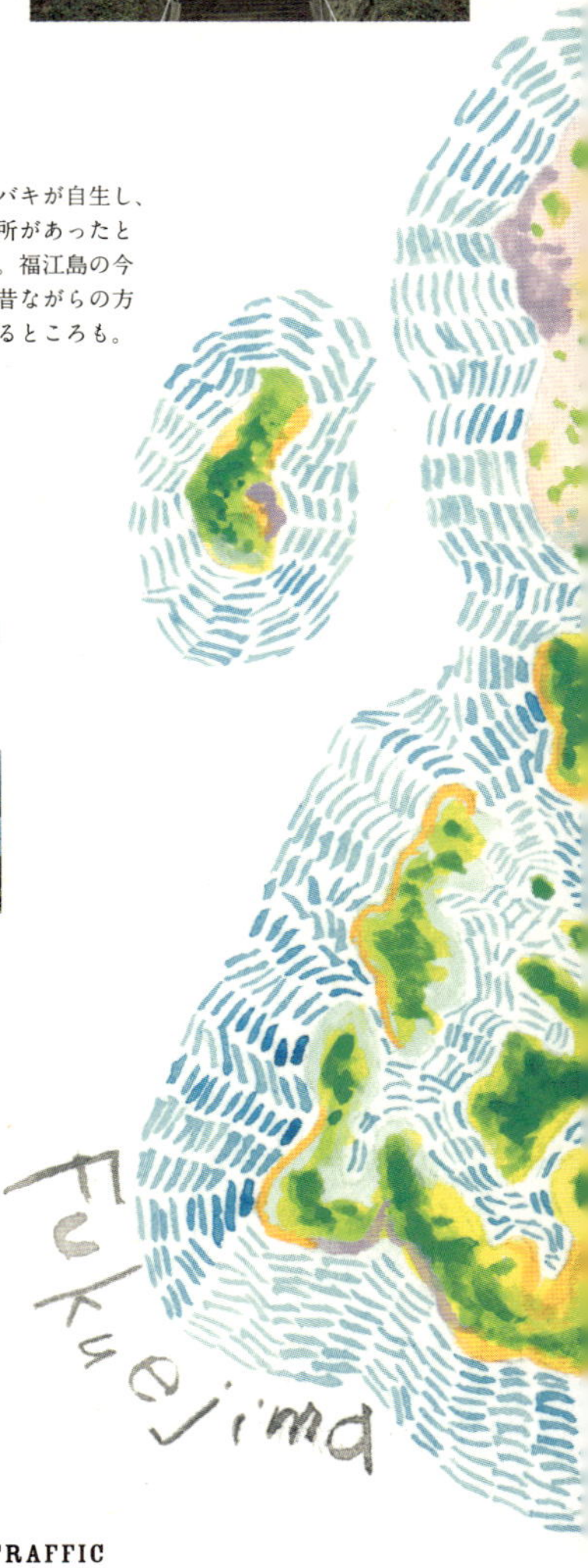

NATURE

そのほとんどが「西海国立公園」に含まれる。大小400の島々からなる外洋性多島海景観の自然豊かなエリア。

CULTURE

1609年までは琉球に属し、それ以降は薩摩、1945年の敗戦からはアメリカの統治下にあり、さまざまな文化が混在。言葉は沖縄北部の方言に似ている。

NATURE

与論島の見どころの一つが「百合ケ浜」。大金久海岸の沖合1.5キロの場所にあり、春から夏にかけて大潮の干潮のときにだけ姿を現すうつくしいビーチ。

TRAFFIC

鹿児島と沖縄を結ぶフェリー(奄美大島の徳之島や沖永良部島、もちろん与論島も経由)は、7日間なら乗り降り自由というお得なチケットが。島巡りに最適。

五島列島は九州の最西端、長崎港から西に100キロほどの場所にある島々で、大小合わせて140あまりの島が連なっています。

　そのほぼ全域が西海国立公園に指定され、東シナ海の荒波に削られた断崖や、日本有数のうつくしさを誇る高浜海水浴場もあるなど、とにかく自然が豊か。

　また「長崎の教会群とキリスト教関連遺産」は、世界遺産登録を目指していて、島に多数点在する教会も見所のひとつ。フォトジェニックな建物が多いので、教会巡りも楽しい。島の風景は古き良き日本の田舎、という印象です。素朴な暮らしがいまも息づいています。

　長崎からフェリーで行くことができますが、ぼくは福岡の博多港からフェリーに乗りました。夜中の24時前に出航して、ちょうど日の出の時間を迎える頃、海に浮かぶ五島の島々の間を通ります。その眺めはすばらしいの一言。福岡、長崎から飛行機で行くこともできますが、旅っぽさを味わうために、あえてフェリーを使うというのもアリかも。一度この島で暮らしてみたいと思うような、長い時間を過ごしたくなる魅力のある島でした。

　今回、旅をした福江島のほかにも、奈留島や久賀島、上五島エリアと言われる中通島など、魅力的な島が点在するので、ぜひ足を延ばしてみてください。

　与論島は奄美群島の最南端に位置する島で、沖縄本島の最北端、辺戸岬を眺めることもできます。島は一周21キロほどなので、体力に自信のあ

GOTO/AMAMI

る人は自転車でのんびりと巡ってみるのも良いかもしれません。
　鹿児島港から奄美大島、徳之島、沖永良部島、与論島を通って沖縄の本部港、那覇港とをつなぐフェリーと、神戸港、大阪港からもフェリーが出ています。那覇空港、鹿児島空港などからは飛行機でも行くことができます。奄美群島だけれど、沖縄方言を街で耳にしたり、宮古島の「おとーり」のようにお酒を回し飲みする風習があったりと独特の雰囲気。2007年に公開された映画『めがね』のロケ地としても有名で、撮影地のひとつ「ヨロン島ビレッジ」のレストランでいただくこと

昔話のような、素朴な景色の中で

のできる奄美の代表的な郷土料理「鶏飯」はおすすめ。
　観光の目玉は「百合ケ浜」。与論島で一番大きなビーチ「大金久海岸」の沖合約1・5キロに、干潮時だけに姿を現す砂浜で、百合の花のような白さがその名前の由来とも。港周辺にもおしゃれなカフェがあったり、コンパクトな中にたくさんの魅力が詰まった居心地の良い島。
　1泊か2泊でとにかくのんびり旅がしたいときには、与論島ぐらいのサイズ感がぴったりな気がします。

遠くには海が見える。野原のような風景の先に、地中海を思わせるような白い建物がいくつか立っている。未舗装の道に入り近づいていくと、赤いハイビスカスとのコントラストが眩しい。扉を開けて中に入れば、海に面した大きな窓。開放感、という言葉だけでは物足りないぐらいの見晴らしに、魅了される。

村上由季さんが与論島に「くじらカフェ」をオープンしたのは2014年4月のこと。東京・麻布十番のギャラリーカフェで5年ほど働いていたが、ご主人との間に子どもを授かったことをきっかけに、「自然を肌で感じてほしい、太陽の光や風、季節を感じながら成長してほしい」と、田舎での暮らしを考えるようになった。海のそばで暮らしたいと、九十九里や伊豆などさまざま物件を探している中で、偶然インターネットで見つけたこの物件。ご主人がダイビングツアーに行きながら内覧することに。帰ってくると「あの家にしようと思うんだけど」の一言。そして移住。

仕事の関係もあって数カ月は東京と与論島を行ったり来たりの生活。子どもは車が少ないので外でのびのび遊べるし、スーパーで騒いでも周りの大人たちがかまってくれる。わざわざ約束をしなくても、気軽に家を行き来することのできる友達も自然とできた。どこに行っても子どもを歓迎してくれる雰囲気があって、「子は宝」ということを感じる。いつしか与論島の居心地の良さに惹かれていた。

今日のメニューは「トマトとヘチマの冷製モリンガパスタ」。熊本産の石臼挽きの小麦粉で作ったバゲットを添えて。イタリアン、中華、エスニックなど、島の野菜を仕入れて、その食材を見ながらその日のメニューを考える。自分たちが食べて、安心、安全と思えるものを。白い床にはキラリと太陽が反射し、オリーブがちいさな影をつくる。

「いつかは自宅でカフェをやりた

30 New Ritou Trip
奄美 | 与論島 | カフェ

くじらカフェ

Kujira Cafe

くじらの見える、ちいさな家カフェ

海に面した大きな窓が開放感満点

その日の食材をみながらメニューを考える

くじらカフェ

窓の外に広がるのは、くじらの泳ぐ海

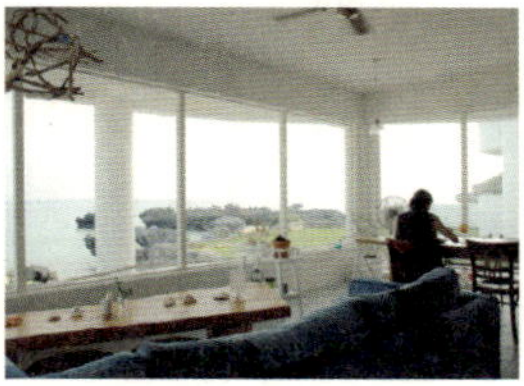

い」という漠然とした夢はあったものの、具体的なことは考えていなかった。動きだすきっかけになったのは、2012年の台風。強烈な風で島に襲いかかったそれは、大きな波を起こし、家の中から家具をすべてさらっていってしまったという。幸い、家族は東京滞在中だったので事なきを得たが、すべて一からつくり直し。それならば「子供はまだ小さいけれど、やりたいときにやったほうが良い」と、カフェができるように、カウンターをリメイクしたり、流木をインテリアにしたり、1年半の歳月をかけて、すこしずつ自分たちの空間をつくっていった。

島に来て、安心して子育てができる環境を得ることで、「仕事がしたくなりました」と笑った。それでも「本業は主婦だと思っているので、営業時間は保育園の時間に合わせて。子どもがお休みの日は、カフェもお休みなんです。実は4月7日にオープンして、8日と9日は子どもが体調を崩してお休みしてしまいました。キッズスペースもあるので、休憩だけでも来てもらえるような場所にできたらうれしいです。子どもと同じように、楽しんで、のびのびと続けていけたらと思っています」。

そこはとてもちいさな島だけど、島に暮らすことで逆にたくさんの縁が広がっている。島の人々と、旅の途中で訪れる人と。このカフェには、まるで自然の中にいるような居心地の良さがある。海も花も色鮮やかな夏はもちろんおすすめだけど、1月から3月にかけての人の少ない季節もいい。大きなソファに腰かけて、窓の外を見てみよう。海をたゆたうくじらに、出会えるかもしれない。

住所　鹿児島県大島郡与論町立長1622-3
時間　10:00～16:00
定休日　水、日曜日、祝日 他
駐車場　あり
HP　https://www.facebook.com/cafekujira
行き方　空港、フェリー港より車で南へ約5分

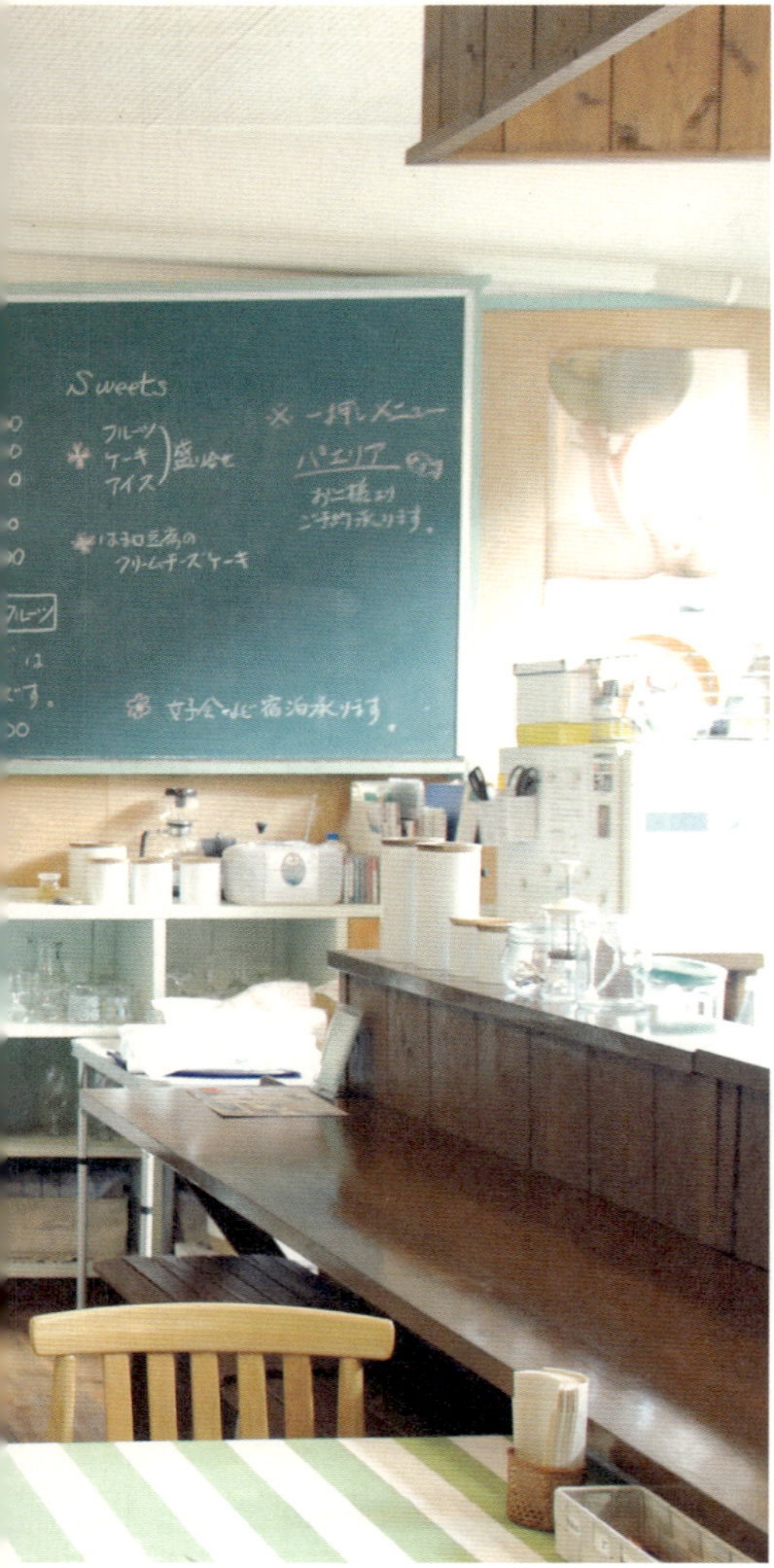

31 New Ritou Trip

五島列島 | 福江島 | カフェ、宿

半泊・大丈夫村！

ハンドマリ・ダイジョウブムラ

未来へと続いていく、うつくしい里山

福江島の北端に位置する半泊集落。ほかの五島の島々と同じように、その昔、江戸幕府のキリスト教弾圧を逃れた人々がここにもやって来た。海からやって来た彼らは、土地を開墾し、畑をつくり、漁に出て、家や学校、そして教会を建てた。外界から閉ざされたこのちいさな里山で静かに暮らしていたという。

海から入って開墾されただけに、もともとは島内のほかの地域へつながる陸路はなかった。車で向かうと、この先に本当に人が暮らす場所があるのだろうかと不安になるような、細い道を進むことになる。曲がりくねった坂道の先、突然景色が開ける。左手にちいさな小学校。目の前には田んぼがあり、その先には海が。そばにひっそりと佇む教会。この半泊集落に移住、廃校となっていた小学校に暮らし、カフェを営んでいるのが濱口孝さんだ。東京出身で、長年、農業団体に勤め、「いつかお米づくりがしたい」という夢を持ちつつ、全

教室を改装したカフェスペース。黒板やロッカーが懐かしい

国で150以上の地域を巡ったそうだ。2006年8月に初めて福江島へやって来て、すぐにこの場所が好きになった。

なにもない、と思うかもしれない。でも同時に、ここにはなんでもある、とも思う。緑豊かな山、畑ではタマネギやジャガイモ、ブロッコリーやトマトなど季節の野菜がなり、田んぼでは稲が穂を揺らす。川は田畑を潤しながら海へと流れ、海へ出れば魚たちが泳いでいる。それはまるで、昔話の中の舞台のような、うつくしい里山の風景だ。そんな集落に、5世帯9人が暮らしている。

教室をリノベーションしたカフェでいただくランチ。まずはサツマイモの甘酒「カンコロリン」から。とろりとした甘みが、さらに食欲を増幅させる。この日のおすすめランチは「寄せ豆腐と釜飯ランチ」。炊き合わせやキャベツの豚ロース巻きで、使っている野菜はなるべく集落で収穫したものを。料理は奥さんのよしのさんによるものだが、観光客にも島の人にも大好評だ。

濱口さんが米を育てるだけでなく、カフェを営んだり、たとえば「田園ミュージアム構想」と名付け、この里山をそのまま美術館・博物館に見立てて里山暮らしを伝える活動をしたり、島と本土の港を結ぶ離島航路会社との連携を企画するなど地域を盛り上げる活動も展開しているのは、9人しか人口のいない、いわゆる限界集落が、うつくしい風景を保ちながら続いていくためだ。

「ここでいつまでも続いていくうつくしい風景を、子どもや孫たちに見せたいんです。そう思っていたら結果としてそれが地域振興という仕事につながっていました。『公私融合』という私のためだけではなく、公のためにもなるというライフスタイルの実現、それは楽しいことなのだとしみじみ感じています」

カフェでお腹が膨れたら、すこし散歩をしてみよう。自然と共にある暮らしの豊かさを、感じることができるから。

住　所　長崎県五島市戸岐町 1180　半泊分校内
時　間　Cafe 11:30 ～ 16:00（LUNCH 予約制）
電　話　0959-73-0480
定休日　水、木曜日
　　　　農業体験や宿泊も可。詳細は HP にて
H　P　http://handomari.com
行き方　堂崎→戸岐大橋→宮原→観音平を経て、
　　　　半泊の看板を頼りに細道上下

海も山も川も、すべてがここに

宿泊も可能。こちらはもとは職員室だった部屋。和室もある

半泊・大丈夫村！

この海から人々が渡ってきて、里山を切り開いた。右に元学校のカフェ、その前に田んぼ、左奥には教会があり、その脇を川が流れている。循環し、続いていくことのできる里山

有川さんの起こす心地よい波紋が島全体に広がっていく

32 New Ritou Trip
五島列島 ｜ 福江島 ｜ カフェ、雑貨

ソトノマ

Sotonoma

地域とひとがつながる「外の間」

良い街って、どんな街だろうと思う。自然が近くにあって、家族がそばにいる。そして、無理なく、地域とつながっていけること。学校帰りの子どもたちと挨拶を交わし、おしゃべりをしているおばあちゃんたちの会話に少し加わり、同世代の仲間と次はどんなイベントをしようかと考えてみる。そう

この日の日替わりは「五島豚の焼肉定食」。島の食材たっぷりで

いうことを、日々の暮らしの中にもたらしてくれる「場」があるかどうか。そういうことがとても大切な要素ではないかという気がしている。

　ここはソトノマというカフェ。五島の食材を使ったメニューが食べられるだけでなく、島のつくり手たちの作品が売られている。小上がりになった床の間があって、そこにはたくさんの絵本と大きな黒板。家の外にも居間のようにくつろげる空間を、という思いからソトノマ（外の間）と名付けられたそこには、島中から人や情報が集まってきている。この店を開いた有川智子さんは、普段はデザインの仕事が中心。お母さんの和子さんがカフェを切り盛りしている。

　福江島出身、小学3年まで暮らし、その後は島外へ。大学院で都市計画を学んだ後、大阪のハウスメーカーの研究所に勤務した。「暮らしに関わる仕事がしたい」という思いがあったからだ。子育てのこと、震災のこと。祖母が島でひ

島のつくり手たちの作品を展示販売。お土産探しも楽しい

とり暮らしをしていること。いろいろな理由が絡み合ったとき、ご主人が島の林業の仕事を得ることができ、福江島へのUターンを決意した。反対したのは島の人たちだった。「都会でやっていけるのに、なぜなにもない田舎に帰ってくるのか？」

２０１１年６月に移住し、７月には草草社をスタート。島で作られているさまざまなもののロゴやリーフレットなどのデザインの仕事を始めた。島のものをデザインするということは、暮らしや風土、文化や空気感を形にし、伝えること。さらに、「島マルシェ」というイベントを開催し、つくり手とつながっていく。実は２００８年頃から、智子さんは「やりたいこと」をノートに書き留めていた。そこには「五島のアンテナショップを開きたい」と書いてあった。地元の小学校の前、長らく空いていた商店を借り、壁を塗り、床を張り、空き家から什器をもらってくるなどしてカフェをつくった。

居心地の良い、アンテナショップのようなカフェ

地元農家が育てる野菜も販売。いきいきと生命力溢れる

使う食材は五島産にこだわっている。地域の活動やワークショップの場、島のつくり手たちの作品やお土産が並び、そこはまさに、五島の「アンテナショップ」のよう。

「場があることで人が来てくれる。おしゃべりしたり、交流することを楽しんでくれることがうれしい。小学生が本を借りに来たり、おばあちゃんが野菜を買いに来たり。この場所がなければ、出会わなかった人同士が出会う。そういうことがうれしいんです」

　福江は暮らしやすい。大人たちは子どもと遊んでくれるし、怒ってくれる。自然も近い。島にはカフェも少なかったし、デザイナーと言えるような仕事をしている人もいなかった。この島だからこそ、自分にしかできないことがあるような気がしている。ソトノマの存在が、島に輝きをもたらす。人々が元気になる。智子さんという雫が福江島にポツンと落ちて、その波紋はしっかりと、島全体に広がっている。

住　所　長崎県五島市堤町 1348-1
時　間　9:00 ～ 21:00
電　話　0959-88-9081
定休日　火曜日
駐車場　あり
H　P　http://sotonoma.1wix.com/home
行き方　五島バス「本山」下車徒歩1分、本山小学校裏門前

2F
5deck
釣竿

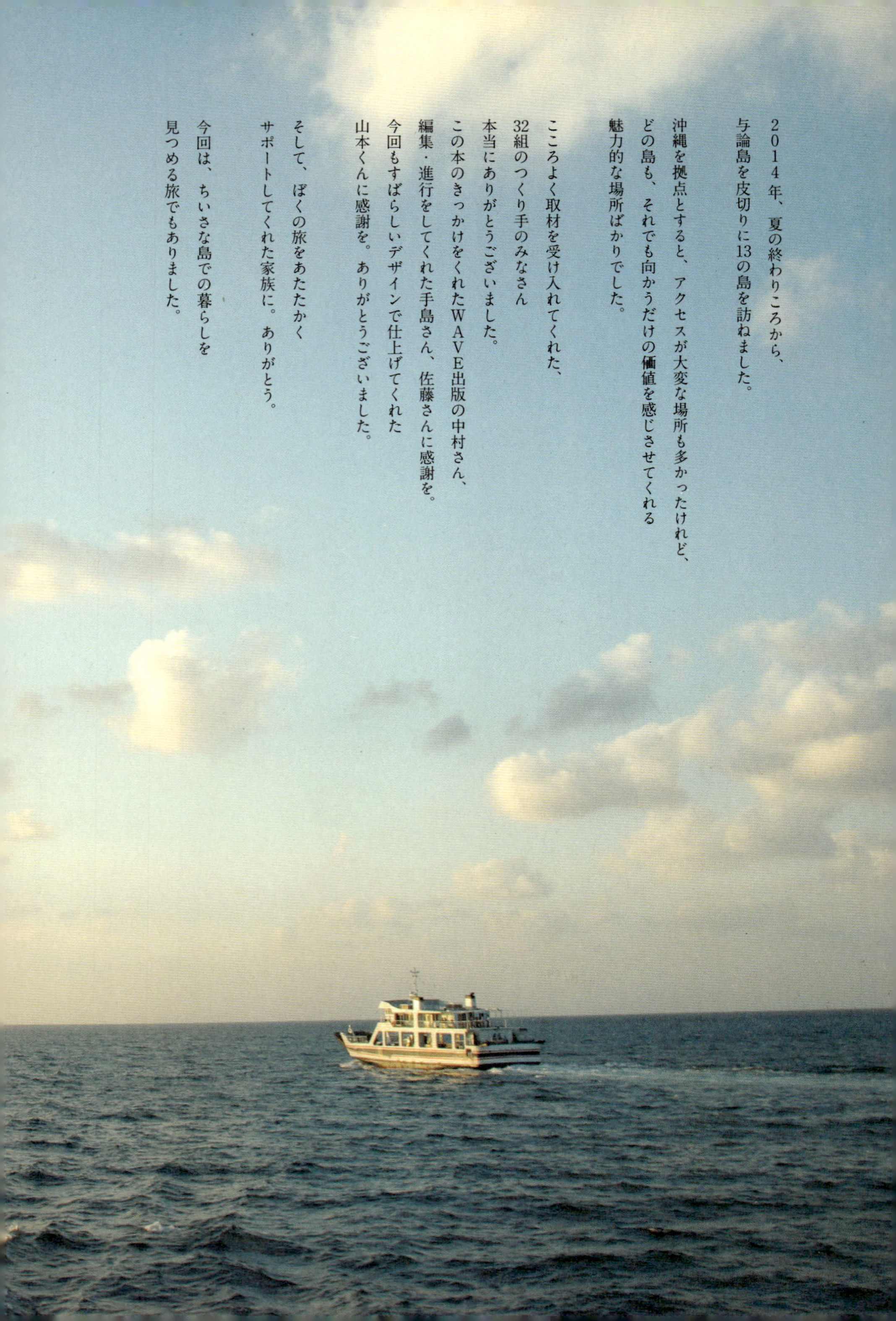

２０１４年、夏の終わりころから、
与論島を皮切りに13の島を訪ねました。

沖縄を拠点とすると、アクセスが大変な場所も多かったけれど、
どの島も、それでも向かうだけの価値を感じさせてくれる
魅力的な場所ばかりでした。

こころよく取材を受け入れてくれた、
32組のつくり手のみなさん
本当にありがとうございました。
この本のきっかけをくれたWAVE出版の中村さん、
編集・進行をしてくれた手島さん、佐藤さんに感謝を。
今回もすばらしいデザインで仕上げてくれた
山本くんに感謝を。ありがとうございました。

そして、ぼくの旅をあたたかく
サポートしてくれた家族に。ありがとう。

今回は、ちいさな島での暮らしを
見つめる旅でもありました。

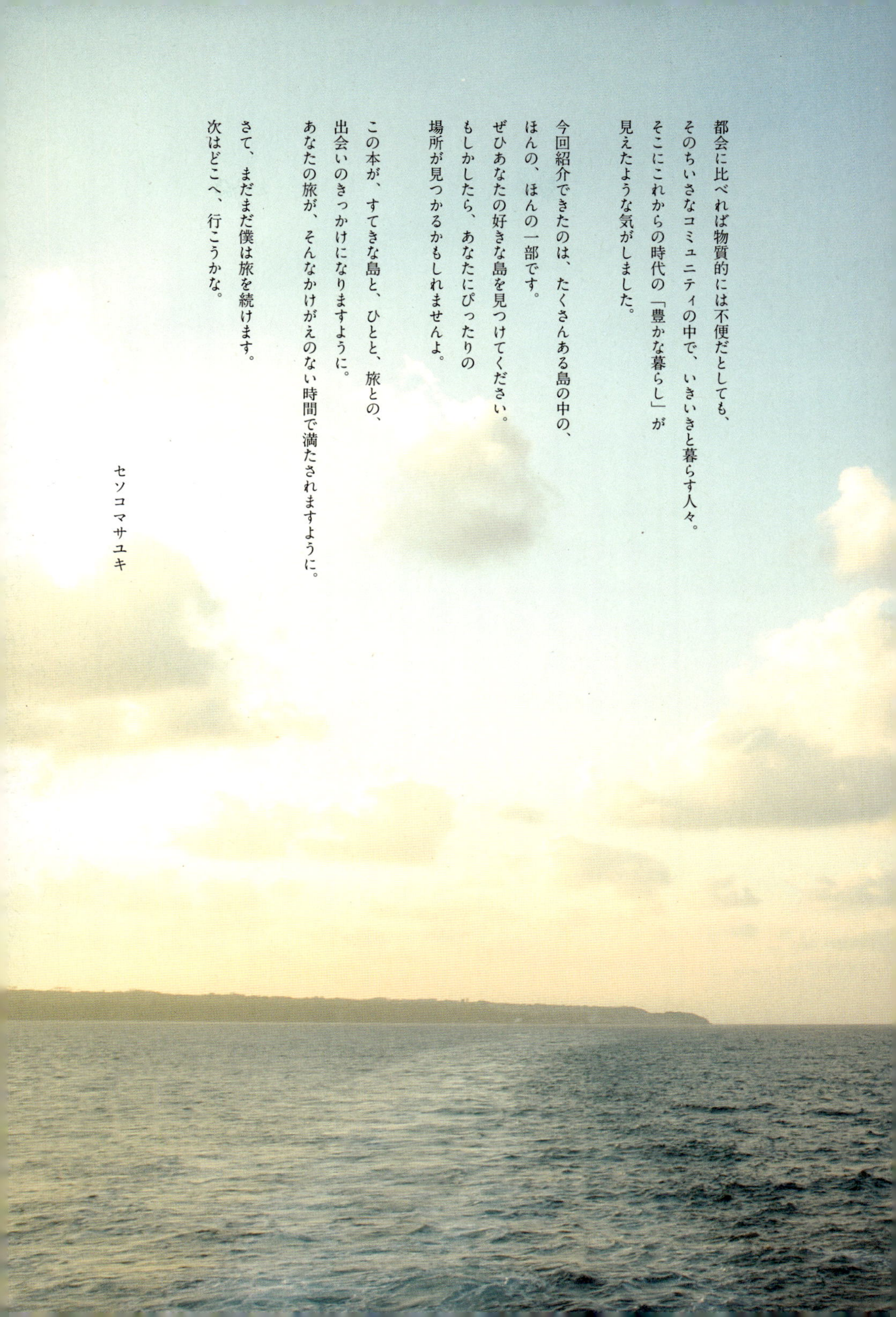

都会に比べれば物質的には不便だとしても、
そのちいさなコミュニティの中で、いきいきと暮らす人々。
そこにこれからの時代の「豊かな暮らし」が
見えたような気がしました。

今回紹介できたのは、たくさんある島の中の、
ほんの、ほんの一部です。
ぜひあなたの好きな島を見つけてください。
もしかしたら、あなたにぴったりの
場所が見つかるかもしれませんよ。

この本が、すてきな島と、ひとと、旅との、
出会いのきっかけになりますように。
あなたの旅が、そんなかけがえのない時間で満たされますように。

さて、まだまだ僕は旅を続けます。
次はどこへ、行こうかな。

セソコマサユキ

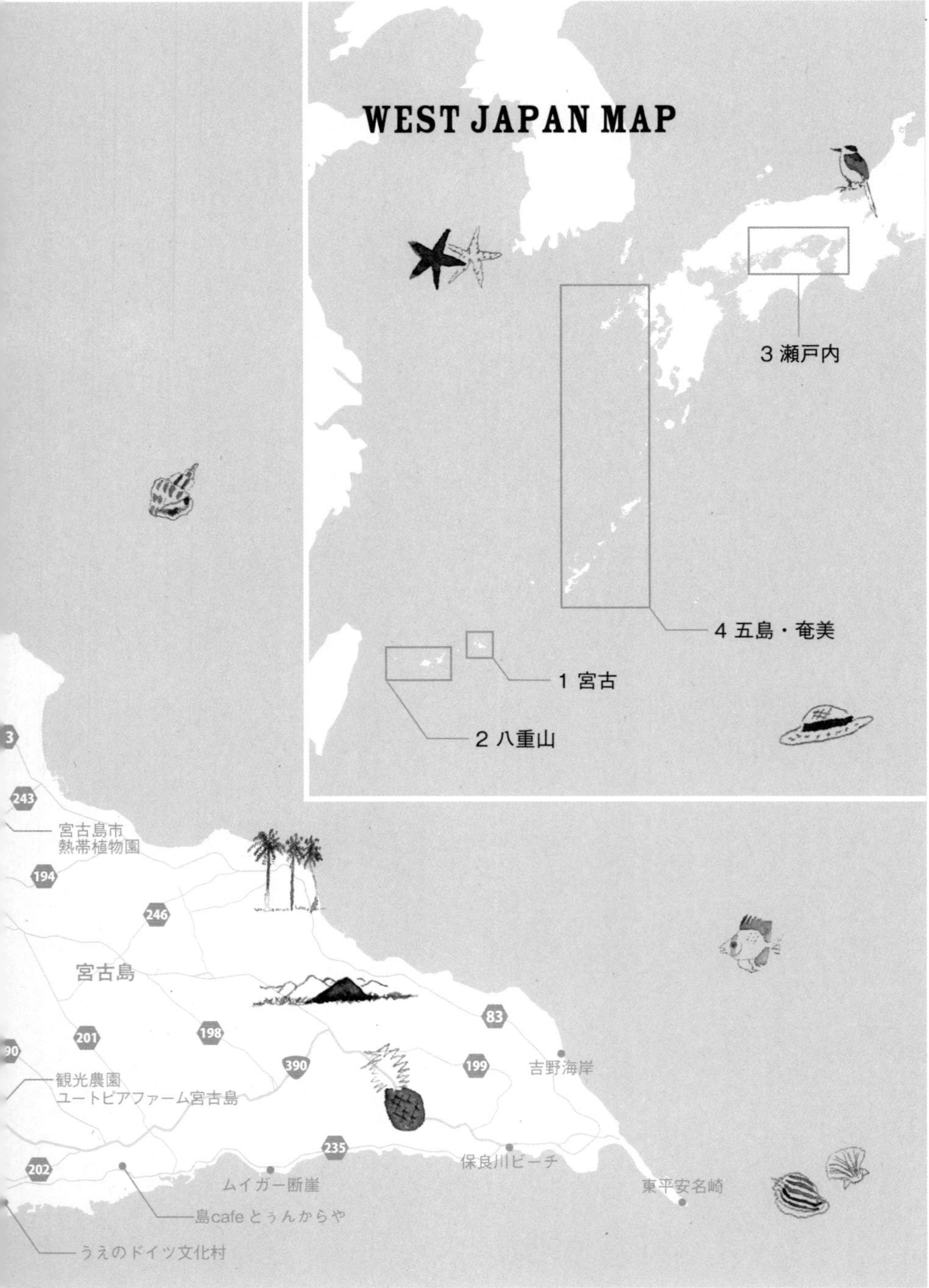
WEST JAPAN MAP
3 瀬戸内
4 五島・奄美
1 宮古
2 八重山
243
宮古島市
熱帯植物園
194
246
宮古島
83
201
198
390
199
吉野海岸
観光農園
ユートピアファーム宮古島
235
保良川ビーチ
202
ムイガー断崖
東平安名崎
島cafe とぅんからや
うえのドイツ文化村

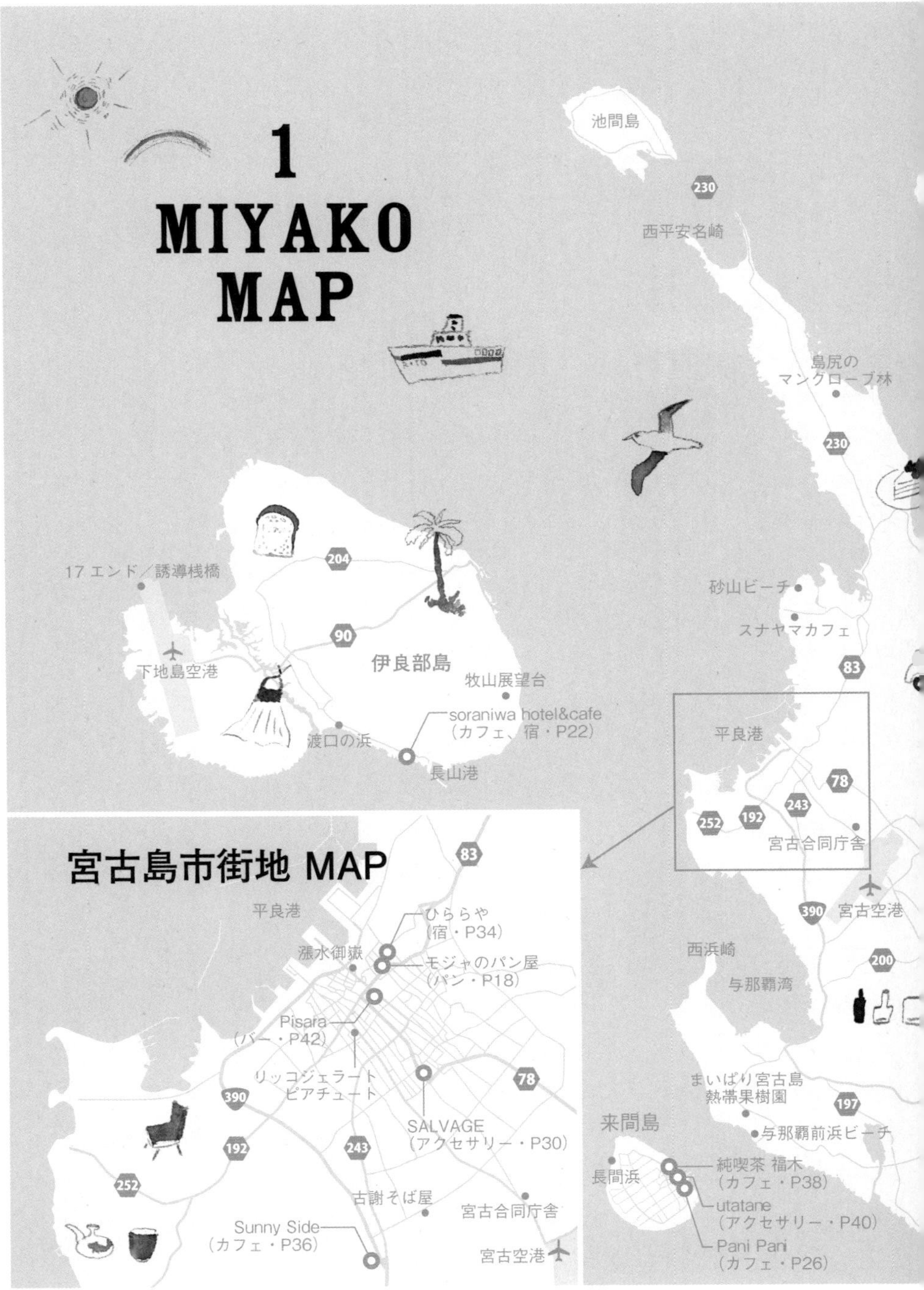
1
MIYAKO
MAP
池間島
230
西平安名崎
島尻の
マングローブ林
230
砂山ビーチ
スナヤマカフェ
83
17エンド／誘導桟橋
204
90
下地島空港
伊良部島
牧山展望台
soraniwa hotel&cafe
（カフェ、宿・P22）
渡口の浜
長山港
平良港
78
243
252
192
宮古合同庁舎
宮古空港
390
西浜崎
200
与那覇湾
まいぱり宮古島
熱帯果樹園
197
与那覇前浜ビーチ
来間島
長間浜
純喫茶 福木
（カフェ・P38）
utatane
（アクセサリー・P40）
Pani Pani
（カフェ・P26）
宮古島市街地 MAP
83
平良港
ひららや
（宿・P34）
張水御嶽
モジャのパン屋
（パン・P18）
Pisara
（バー・P42）
リッコジェラート
ピアチュート
78
390
SALVAGE
（アクセサリー・P30）
192
243
252
古謝そば屋
宮古合同庁舎
Sunny Side
（カフェ・P36）
宮古空港

2 YAEYAMA MAP

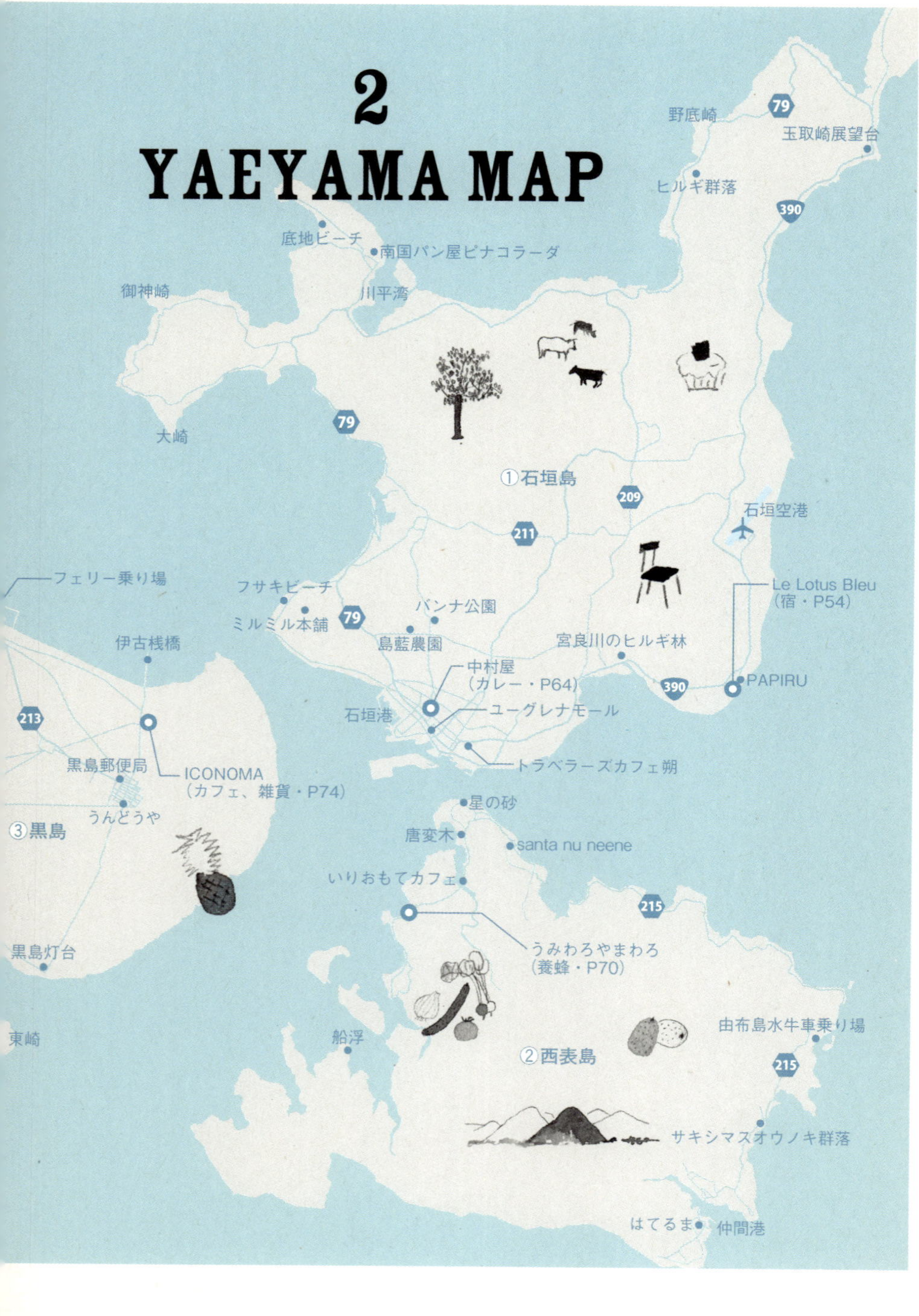

野底崎
79
玉取崎展望台
ヒルギ群落
390
底地ビーチ
南国パン屋ピナコラーダ
御神崎
川平湾
79
大崎
①石垣島
209
石垣空港
211
フェリー乗り場
フサキビーチ
ミルミル本舗
79
バンナ公園
Le Lotus Bleu
(宿・P54)
伊古桟橋
島藍農園
宮良川のヒルギ林
中村屋
(カレー・P64)
390
PAPIRU
213
石垣港
ユーグレナモール
黒島郵便局
ICONOMA
(カフェ、雑貨・P74)
トラベラーズカフェ朔
うんどうや
③黒島
星の砂
唐変木
santa nu neene
いりおもてカフェ
215
黒島灯台
うみわろやまわろ
(養蜂・P70)
東崎
船浮
②西表島
由布島水牛車乗り場
215
サキシマスオウノキ群落
はてるま
仲間港

YAEYAMA AREA
⑤与那国島
①石垣島
②西表島
③黒島
④波照間島
あやふふぁみ
（カフェ、雑貨、工房・P50）
仲底商店 shop+café
（雑貨、カフェ・P66）
パーラーみんぴか
フェリー乗り場
ニシ浜
④波照間島
波照間空港
西の浜
黒島研究所
星空観測タワー
日本最南端の碑
北牧場
与那国空港
216
雑貨さくら
（雑貨・P58）
⑤与那国島
カレーとのみもの
ユキさんち
ゲストハウス
Fiesta
日本最西端之地
南牧場
わかなそば
山口陶工房
比川地域
共同売店

②小豆島
前島
金ヶ崎
HOMEMAKERS
（カフェ、農家・P124）
寒霞渓
こまめ食堂
（カフェ・P88）
井上誠耕園
タコのまくら
（カフェ・P104）
ポンカフェ
オリーブ染め工房
木の花
ヤマロク醤油
池田湾
小豆島オリーブ園
うみねこかしや
エンジェルロード
島宿 真里
①淡路島
山田屋
（ジャム
・P96）
カフェ・ノマド
（カフェ・P112）
NEHA
（雑貨、イベント
・P118）
ゲストハウス花野
カフェナフシャ
Awabi ware
神戸淡路鳴門自動車道
樂久登窯
（陶工房・P108）
SPACE 233 café
（カフェ、雑貨・P92）
Char*
（衣料・P100）
L'ISOLETTA
海の展望広場
南海荘
うずしお温泉
菜と根（kitone）
道の駅うずしお

3 SETOUCHI MAP

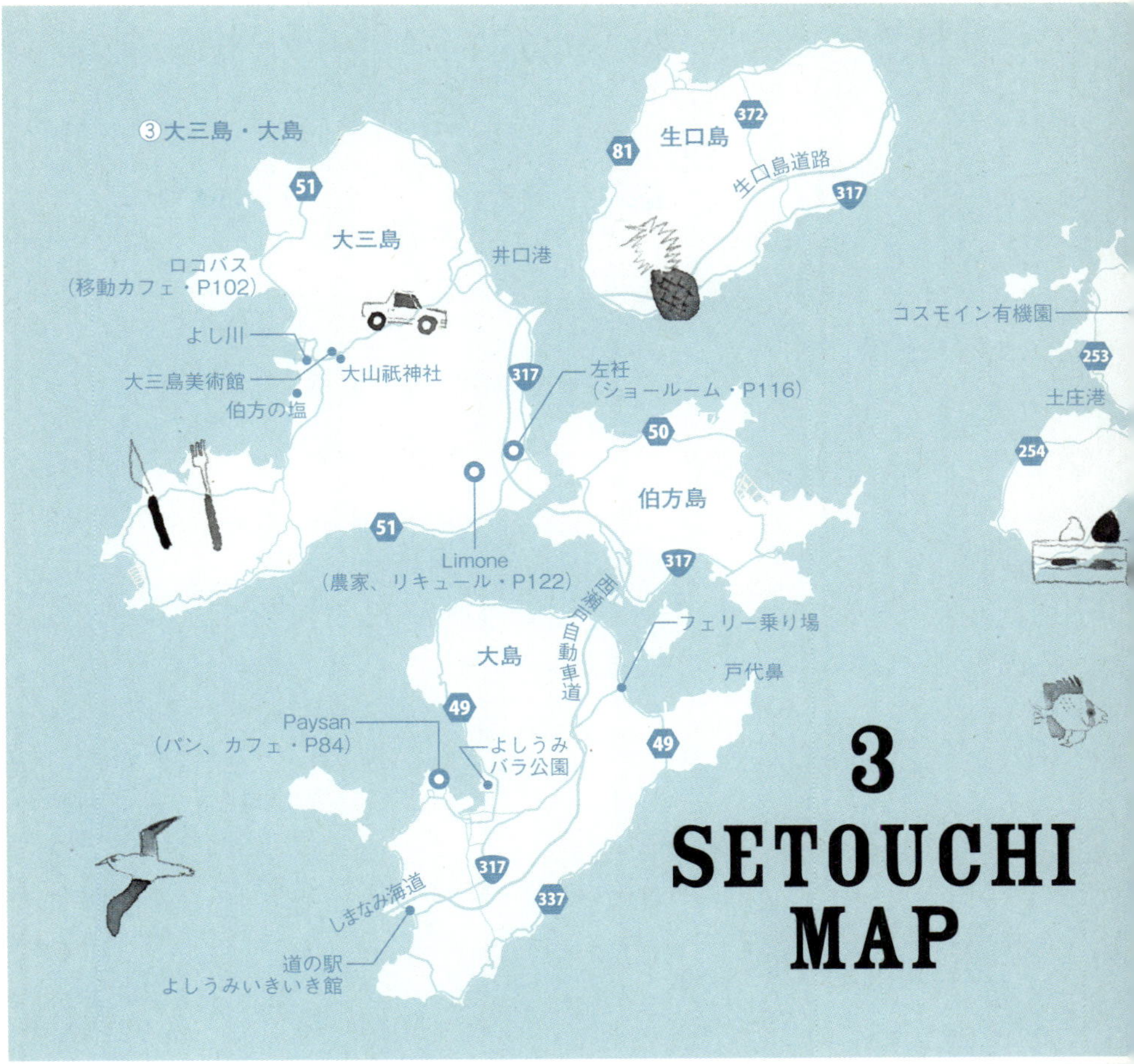

SETOUCHI AREA

4 GOTO AMAMI MAP

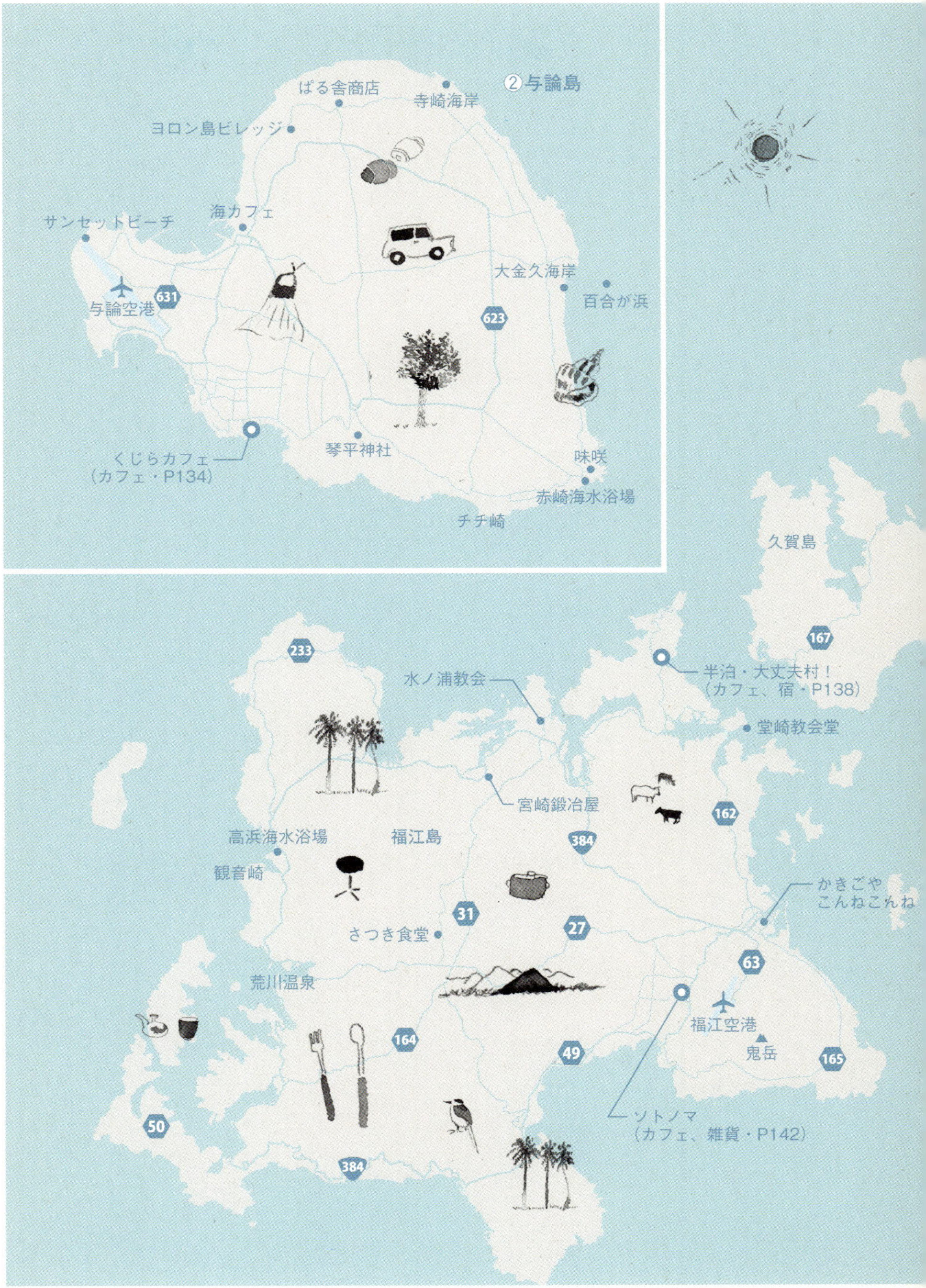

②与論島
ぱる舎商店
寺崎海岸
ヨロン島ビレッジ
海カフェ
サンセットビーチ
与論空港
631
大金久海岸
百合が浜
623
くじらカフェ
（カフェ・P134）
琴平神社
味咲
赤崎海水浴場
チチ崎
久賀島
233
167
水ノ浦教会
半泊・大丈夫村！
（カフェ、宿・P138）
堂崎教会堂
宮崎鍛冶屋
162
高浜海水浴場
福江島
384
観音崎
かきごや
こんねこんね
31
27
さつき食堂
63
荒川温泉
福江空港
鬼岳
164
49
165
50
ソトノマ
（カフェ、雑貨・P142）
384

セソコマサユキ

編集者・ライター。雑誌『カメラ日和』『自休自足』の編集者を経て、「手紙社」のスタッフとして書籍の編集、イベントの企画＆運営など幅広く手がける。2012年、沖縄への移住を機に独立。さまざまな媒体での編集、ライティングのほか、イベントのディレクションなど独自の目線で沖縄の魅力を発信するべく活動中。観光情報サイト「沖縄CLIP」編集長。著書に『あたらしい沖縄旅行』（小社刊）がある。
website / masayukisesoko.com

著　者　セソコマサユキ

デザイン　山本洋介（MOUNTAIN BOOK DESIGN）
写　真　セソコマサユキ
イラスト　はらぺこめがね
地図製作　山崎潤子
校　正　大谷尚子

あたらしい離島旅行

2015年5月19日　第1版第1刷発行

発行者　玉越直人
発行所　WAVE出版
〒102-0074　東京都千代田区九段南4-7-15
TEL：03-3261-3713　FAX：03-3261-3823
振替 00100-7-366376
E-mail: info@wave-publishers.co.jp
http://www.wave-publishers.co.jp
用　紙　紙大倉
印刷・製本　東京印書館

NDC689 159p 21cm　ISBN978-4-87290-745-2